Les fausses confidences

Personnages

ARAMINTE, fille de Madame Argante. DORANTE, neveu de Monsieur Remy. MONSIEUR REMY, procureur.

MADAME ARGANTE.

ARLEQUIN, valet d'Araminte.

DUBOIS, ancienvaletde Dorante. MARTON, suivante d'Araminte. LE COMTE.

Un domestique parlant. Un garçon joaillier.

La scène est chez Madame Argante.

Acte premier

Scène première

Dorante, Arlequin.

ARLEQUIN, *introduisant Dorante.*

Ayez la bonté, Monsieur, de vous asseoir un moment dans cette salle, Mademoiselle Martonestchez Madame et netarderapasà descendre.

DORANTE

Je vous suis obligé.

ARLEQUIN

Sivousvoulez, jevoustiendraicompagnie, depeurquel'ennuine vous prenne ; nous discourrons en attendant.

DORANTE

Je vous remercie ce n'est pas la peine, ne vous détournez point.

ARLEQUIN

Voyez,Monsieur,n'enfaitespasdefaçon:nousavonsordrede Madame d'être honnête, et vous êtes témoin que je le suis.

DORANTE

Non, vous dis-je, je serai bien aise d'être un moment seul.

ARLEQUIN

Excusez, Monsieur, et restez à votre fantaisie.

Scène II

Dorante, Dubois.
Dubois, entrant avec un air de mystère.

DORANTE

Ah ! te voilà ?

DUBOIS

Oui, je vous guettais.

DORANTE

J'ai cru que je ne pourrais me débarrasser d'un domestique qui m'a introduit ici, et qui voulait absolument me désennuyer en restant. Dis-moi, Monsieur Remy n'est donc pas encore venu ?

DUBOIS

Non, mais voici l'heure à peu près qu'il vous a dit qu'il arriverait. *(Il cherche et regarde.)* N'y a-t-il là personne qui nous voie ensemble ? Il est essentiel que les domestiques ici ne sachent pas que je vous connaisse.

DORANTE

Je ne vois personne.

DUBOIS

Vous n'avez rien dit de notre projet à Monsieur Remy, votre parent ?

DORANTE

Pas le moindre mot. Il me présente de la meilleure foi du monde, en qualité d'intendant, à cette dame-ci dont je lui ai parlé, et dont il se trouve le procureur ; il ne sait point du tout que c'est toi qui m'as adressé à lui, il la prévint hier ; il m'a dit que je me rendisse ce matin ici, qu'il me présenterait à elle, qu'il y serait avant moi, ou que s'il n'y était pas encore, je demandasse une Mademoiselle Marton. Voilà tout, et je n'aurais garde de lui confier notre projet, non plus qu'à personne, il me paraît extravagant, à moi qui m'y prête. Je n'en suis pourtant pas moins sensible à ta bonne volonté, Dubois, tu m'as servi, je n'ai pu te garder, j'en ai pu même te bien récompenser de ton zèle ; malgré cela, il t'est venu dans l'esprit de faire ma fortune : en vérité, il n'est point

3

de reconnaissance que je ne te doive !

DUBOIS

Laissons cela, Monsieur ; tenez, en un mot, je suis content de vous, vous m'avez toujours plu ; vous êtes un excellent homme, un homme que j'aime ; et si j'avais bien de l'argent, il serait encore à votre service.

DORANTE

Quand pourrai-je reconnaître tes sentiments pour moi ? Ma fortune serait la tienne ; mais je n'attends rien de notre entreprise, que la honte d'être renvoyé demain.

DUBOIS

Eh bien, vous vous en retournerez.

DORANTE

Cette femme-ci a un rang dans le monde ; elle est liée avec tout ce qu'il y a de mieux, veuve d'un mari qui avait une grande charge dans les finances ; et tu crois qu'elle fera quelque attention à moi, que je l'épouserai, moi qui ne suis rien, moi qui n'ai point de bien ?

DUBOIS

Point de bien ! Votre bonne mine est un Pérou ! Tournez-vous un peu, que je vous considère encore ; allons, Monsieur, vous vous moquez, il n'y a point de plus grand seigneur que vous à Paris : voilà une taille qui vaut toutes les dignités possibles, et notre affaire est infaillible, absolument infaillible ; il me semble que je vous vois déjà en déshabillé dans l'appartement de Madame.

DORANTE

Quelle chimère
!

DUBOIS

Oui, je le soutiens. Vous êtes actuellement dans votre salle et vos équipages sont sous la remise.

DORANTE

Elle a plus de cinquante mille livres de rente, Dubois.

DUBOIS

Ah ! vous en avez bien soixante pour le moins.

DORANTE

Et tu me dis qu'elle est extrêmement raisonnable ?

DUBOIS

Tant mieux pour vous, et tant pis pour elle. Si vous lui plaisez, elle en sera si honteuse, elle se débattra tant, elle deviendra si faible, qu'elle ne pourra se soutenir qu'en épousant ; vous m'en direz des nouvelles. Vous l'avez vue et vous l'aimez ?

DORANTE

Je l'aime avec passion, et c'est ce qui fait que je tremble !

DUBOIS

Oh ! vous m'impatientez avec vos terreurs : eh que diantre ! un peu de confiance ; vous réussirez, vous dis-je. Je m'en charge, je le veux, je l'ai mis là ; nous sommes convenus de toutes nos actions, toutes nos mesures sont prises ; je connais l'humeur de ma maîtresse, je sais votre mérite, je sais mes talents, je vous conduis, et on vous aimera, toute raisonnable qu'on est ; on vous épousera, toute fière qu'on est, et on vous enrichira, tout ruiné que vous êtes, entendez-vous ? Fierté, raison et richesse, il faudra que tout se rende. Quand l'amour parle, il est le maître, et il parlera : adieu ; je vous quitte ; j'entends quelqu'un, c'est peut-être Monsieur Remy ; nous voilà embarqués, poursuivons. *(Il fait quelques pas, et revient.)* À propos, tâchez que Marton prenne un peu de goût pour vous. L'Amour et moi nous ferons le reste.

Scène III

Monsieur Remy, Dorante.

MONSIEUR REMY

Bonjour, mon neveu ; je suis bien aise de vous voir exact.
Mademoiselle Marton va venir, on est allé l'avertir. La
connaissez-vous ?

DORANTE

Non, Monsieur ; pourquoi me le demandez-vous ?

MONSIEUR REMY

C'est qu'en venant ici, j'ai rêvé à une chose… Elle est jolie, au
moins.

DORANTE

Je le crois.

MONSIEUR REMY

Et de fort bonne famille, c'est moi qui ai succédé à son père ; il était fort
ami du vôtre ; homme un peu dérangé ; sa fille est restée sans bien ; la
dame d'ici a voulu l'avoir, elle l'aime, la traite bien moins en suivante
qu'en amie ; lui a fait beaucoup de bien, lui en fera encore, et a offert
même de la marier. Marton a d'ailleurs une vieille parente
asthmatique dont elle hérite, et qui est à son aise ; vous allez être tous
deux dans la même maison ; je suis d'avis que vous l'épousiez :
qu'en dites-vous ?

DORANTE *sourit à part.*

Eh !… mais je ne pensais pas à elle.

MONSIEUR REMY

Eh bien, je vous avertis d'y penser ; tâchez de lui plaire. Vous n'avez
rien, mon neveu, je dis rien qu'un peu d'espérance ; vous êtes mon
héritier, mais je me porte bien, et je ferai durer cela le plus longtemps
que je pourrai, sans compter que je puis me marier ; je n'en ai point
d'envie, mais cette envie-là vient tout d'un coup, il y a tant de
minois qui vous la donnent ; avec une femme on a des enfants, c'est la
coutume, auquel cas, serviteur au collatéral ; ainsi, mon neveu, prenez
toujours vos petites précautions, et vous mettez en état de vous passer

7

de mon bien, que je vous destine aujourd'hui, et que je vous ôterai demain peut-être.

DORANTE

Vous avez raison, Monsieur, et c'est aussi à quoi je vais travailler.

MONSIEUR REMY

Je vousyexhorte. Voici Mademoiselle Marton, éloignez-vousdedeux pas, pour me donnerletempsdeluidemandercomment ellevous trouve.

(Dorante s'écarte un peu.)

Scène IV

Monsieur Remy, Marton, Dorante.

MARTON

Je suis fâchée, Monsieur, de vous avoir fait attendre ; mais j'avais affaire chez Madame.

MONSIEUR REMY

Il n'y a pas grand mal, Mademoiselle, j'arrive. Que pensez-vous de ce grand garçon-là ?
(Montrant Dorante.)

MARTON, *riant.*

Eh ! Par quelle raison, Monsieur Remy, faut-il que je vous le dise ?

MONSIEUR REMY

C'est qu'il est mon neveu.

MARTON

Eh bien ! Ce neveu-là est bon à montrer ; il ne dépare point la famille.

MONSIEUR REMY

Tout de bon ? C'est de lui dont j'ai parlé à Madame pour intendant, et je suis charmé qu'il vous revienne : il vous a déjà vue plus d'une fois chez moi quand vous y êtes venue ; vous en souvenez-vous ?

MARTON

Non je n'en ai point d'idée.

MONSIEUR REMY

On ne prend pas garde à tout. Savez-vous ce qu'il me dit la première fois qu'il vous vit ? Quelle est cette jolie fille-là ? *(Marton sourit.)* Approchez, mon neveu. Mademoiselle, votre père et le sien s'aimaient beaucoup, pourquoi les enfants ne s'aimeraient-ils pas ? En voilà un qui ne demande pas mieux ; c'est un cœur qui se présente bien.

DORANTE, *embarrassé.*

Il n'y a rien là de difficile à croire.

MONSIEUR REMY

Voyez comme il vous regarde ; vous ne feriez pas là une si mauvaise emplette.

MARTON

J'en suis persuadée ; Monsieur prévient en sa faveur, et il faudra voir.

MONSIEUR REMY

Bon, bon ! Il faudra ! Je ne m'en irai point que cela ne soit vu.

MARTON, *riant.*

Je craindrais d'aller trop vite.

DORANTE

Vous importunez Mademoiselle, Monsieur.

MARTON, *riant.*

Je n'ai pourtant pas l'air si indocile.

MONSIEUR REMY, *joyeux.*

Ah ! je suis content, vous voilà d'accord. Oh ! çà, mes enfants *(Il leur prend les mains à tous deux.)*. Je vous fiance, en attendant mieux. Je ne saurais rester ; je reviendrai tantôt. Je vous laisse le soin de présenter votre futur à Madame. Adieu, ma nièce.

(Il sort.)

MARTON, *riant.*

Adieu donc, mon oncle.

Scène V

Marton, Dorante.

MARTON

En vérité, tout ceci a l'air d'un songe. Comme Monsieur Remy expédie ! Votre amour me paraît bien prompt, sera-t-il aussi durable ?

DORANTE

Autant l'un que l'autre, Mademoiselle.

MARTON

Il s'est trop hâté de partir. J'entends Madame qui vient, et comme, grâce aux arrangements de Monsieur Remy, vos intérêts sont presque les miens, ayez la bonté d'aller un moment sur la terrasse, afin que je la prévienne.

DORANTE

Volontiers, Mademoiselle.

MARTON, *le voyant sortir.*

J'admire le penchant dont on se prend tout d'un coup l'un pour l'autre.

Scène VI

Araminte, Marton.

ARAMINTE

Marton, quel est donc cet homme qui vient de me saluer si gracieusement, et qui passe sur la terrasse ? Est-ce à vous à qui il en veut ?

MARTON

Non, Madame, c'est à vous-même.

ARAMINTE, *d'un air assez vif.*

Eh bien, qu'on le fasse venir, pourquoi s'en va-t-il ?

MARTON

C'est qu'il a souhaité que je vous parlasse auparavant. C'est le neveu de Monsieur Remy, celui qu'il vous a proposé pour homme d'affaires.

ARAMINTE

Ah ! c'est là lui ! Il a vraiment très bonne façon.

MARTON

Il est généralement estimé, je le sais.

ARAMINTE

Je n'ai pas de peine à le croire : il a tout l'air de le mériter. Mais, Marton, il a si bonne mine pour un intendant, que je me fais quelque scrupule de le prendre ;n'en dira-t-on rien ?

MARTON

Et que voulez-vous qu'on dise ? Est-on obligé d'en avoir que des intendants mal faits ?

ARAMINTE

Tu as raison. Dis-lui qu'il revienne. Il n'était pas nécessaire de me préparer à le recevoir. Dès que c'est Monsieur Remy qui me le donne, c'en est assez; je le prends.

MARTON, *comme s'en allant.*

Vous ne sauriez mieux choisir. *(Et puis revenant.)* Êtes-vous convenue du parti que vous lui faites ? Monsieur Remy m'a chargée

14

de vous en parler.

Cela est inutile. Il n'y aura point de dispute là-dessus. Dès que c'est un honnête homme, il aura lieu d'être content. Appelez-le.

MARTON, *hésitant à partir.*

On luilaissera ce petitappartementquidonnesurlejardin, n'est-ce pas?

ARAMINTE

Oui, comme il voudra ; qu'il vienne.
   (Marton va dans la coulisse.)

Scène VII

Dorante, Araminte, Marton.

MARTON

Monsieur Dorante, Madame vous attend.

ARAMINTE

Venez, Monsieur ; je suis obligée à Monsieur Remy d'avoir songé à moi. Puisqu'il me donne son neveu, je ne doute pas que ce ne soit un présent qu'il me fasse. Un de mes amis me parla avant-hier d'un intendant qu'il doit m'envoyer aujourd'hui ; mais je m'en tiens à vous.

DORANTE

J'espère, Madame, que mon zèle justifiera la préférence dont vous m'honorez, et que je vous supplie de me conserver. Rien ne m'affligerait tant à présent que de la perdre.

MARTON

Madame n'a pas deux
paroles.

ARAMINTE

Non, Monsieur ; c'est une affaire terminée, je renverrai tout. Vous êtes au fait des affaires apparemment ; vous y avez travaillé ?

DORANTE

Oui, Madame ; mon père était avocat, et je pourrais l'être moi-même.

ARAMINTE

C'est-à-dire que vous êtes un homme de très bonne famille, et même au-dessus du parti que vous prenez.

DORANTE

Je ne sens rien qui m'humilie dans le parti que je prends, Madame ; l'honneur de servir une dame comme vous n'est au-dessous de qui que ce soit, et je n'envierai la condition de personne.

ARAMINTE

Mes façons ne vous feront point changer de sentiment. Vous trouverez ici tous les égards que vous méritez ; et si, dans les suites, il y avait occasion de vous rendre service, je ne la manquerai point.

MARTON

Voilà Madame : je la reconnais.

ARAMINTE

Il est vrai que je suis toujours fâchée de voir d'honnêtes gens sans fortune, tandis qu'une infinité de gens de rien, et sans mérite, en ont une éclatante ; c'est une chose qui me blesse, surtout dans les personnes de son âge ; car vous n'avez que trente ans, tout au plus ?

DORANTE

Pas tout à fait encore, Madame.

ARAMINTE

Ce qu'il y a de consolant pour vous, c'est que vous avez le temps de devenir heureux.

DORANTE

Je commence à l'être d'aujourd'hui, Madame.

ARAMINTE

On vous montrera l'appartement que je vous destine ; s'il ne vous convient pas, il y en a d'autres, et vous choisirez. Il faut aussi quelqu'un qui vous serve et c'est à quoi je vais pourvoir. Qui lui donnerons-nous, Marton ?

MARTON

Il n'y a qu'à prendre Arlequin, Madame. Je le vois à l'entrée de la salle et je vais l'appeler. Arlequin ? Parlez à Madame.

Scène VIII

Araminte, Dorante, Marton, Arlequin, un domestique.

ARLEQUIN

Mevoilà,
Madame.

ARAMINTE

Arlequin, vous êtes à présent à Monsieur ; vous le servirez ; je vous donne à lui.

ARLEQUIN

Comment, Madame, vous me donnez à lui ! Est-ce que je ne serai plus à moi ? Ma personne ne m'appartiendra donc plus ?

MARTON

Quel benêt !

ARAMINTE

J'entends qu'au lieu de me servir, ce sera lui que tu serviras.

ARLEQUIN, *comme pleurant.*

Je ne sais pas pourquoi Madame me donne mon congé : je n'ai pas mérité ce traitement ; je l'ai toujours servie à faire plaisir.

ARAMINTE

Je ne te donne point ton congé, je te payerai pour être à Monsieur.

ARLEQUIN

Je représente à Madame que cela ne serait pas juste : je ne donnerai pas ma peine d'un côté, pendant que l'argent me viendra d'un autre. Il faut que vous ayez mon service, puisque j'aurai vos gages ; autrement je friponnerais, Madame.

ARAMINTE

Je désespère de lui faire entendre raison.

MARTON

Tu es bien sot ! Quand je t'envoie quelque part, ou que je te dis : fais telle ou telle chose, n'obéis-tu pas ?

ARLEQUIN

Toujours.

MARTON

Eh bien, ce sera Monsieur qui te le dira comme moi, et ce sera à la place de Madame et par son ordre.

ARLEQUIN

Ah! c'est une autre affaire. C'est Madame qui donnera ordre à Monsieur de souffrir mon service, que je lui prêterai par le commandement de Madame.

MARTON

Voilà ce que c'est.

ARLEQUIN

Vous voyez bien que cela méritait explication.

UN DOMESTIQUE *vient.*

Voici votre marchande qui vous apporte des étoffes, Madame.

ARAMINTE

Je vais les voir et je reviendrai. Monsieur, j'ai à vous parler d'une affaire ; ne vous éloignez pas.

Scène IX

Dorante, Marton, Arlequin.

ARLEQUIN

Oh çà, Monsieur, nous sommes donc l'un à l'autre, et vous avez le pas sur moi ? Je serai le valet qui sert, et vous le valet qui serez servi par ordre.

MARTON

Ce faquin avec ses comparaisons ! Va-t'en.

ARLEQUIN

Un moment, avec votre permission. Monsieur, ne payerez-vous rien ? Vous a-t-on donné ordre d'être servi gratis ?
(Dorante rit.)

MARTON

Allons, laisse-nous. Madame te payera ; n'est-ce pas assez ?

ARLEQUIN

Pardi, Monsieur, je ne vous coûterai donc guère ? On ne saurait avoir un valet à meilleur marché.

DORANTE

Arlequin a raison. Tiens, voilà d'avance ce que je te donne.

ARLEQUIN

Ah ! voilà une action de maître. À votre aise le reste.

DORANTE

Va boire à ma santé.

ARLEQUIN, *s'en allant.*

Oh ! s'il ne faut que boire afin qu'elle soit bonne, tant que je vivrai, je vous la promets excellente. *(À part.)* Le gracieux camarade qui m'est venu là par hasard !

Scène X

Dorante, Marton, Madame Argante, qui arrive un instant après.

MARTON

Vous avez lieu d'être satisfait de l'accueil de Madame ; elle paraît faire cas de vous, et tant mieux, nous n'y perdons point. Mais voici Madame Argante ; je vous avertis que c'est sa mère, et je devine à peu près ce qui l'amène.

MADAME ARGANTE, *femme brusque et vaine.*

Eh bien, Marton, ma fille a un nouvel intendant que son procureur lui a donné, m'a-t-elle dit : j'en suis fâchée ; cela n'est point obligeant pour Monsieur le Comte, qui lui en avait retenu un ; du moins devait-elle attendre, et les voir tous deux. D'où vient préférer celui-ci ? Quelle espèce d'homme est-ce ?

MARTON

C'est Monsieur, Madame.

MADAME ARGANTE

Eh ! c'est Monsieur ! Je ne m'en serais pas doutée ; il est bien jeune.

MARTON

À trente ans on est en âge d'être intendant de maison, Madame.

MADAME ARGANTE

C'est selon. Êtes-vous arrêté, Monsieur ?

DORANTE

Oui, Madame.

MADAME ARGANTE

Et de chez qui sortez-vous ?

DORANTE

De chez moi, Madame : je n'ai encore été chez personne.

MADAME ARGANTE

De chez vous ! Vous allez donc faire ici votre apprentissage ?

MARTON

Pointdutout. Monsieurentendlesaffaires; ilestfilsd'unpère
extrêmement habile.

MADAME ARGANTE, *à Marton, à part.*

Je n'ai pas grande opinion de cet homme-là. Est-ce là la figure
d'un intendant ? Il n'en a non plus l'air…

MARTON, *à part aussi.*

L'airn'y fait rien : jevousrépondsdelui; c'est l'hommequ'il nous
faut.

MADAME ARGANTE

Pourvu que Monsieur ne s'écarte pas des intentions que nous avons,
il me sera indifférent que ce soit lui ou un autre.

DORANTE

Peut-on savoir ces intentions, Madame ?

MADAME ARGANTE

Connaissez-vous Monsieur le comte Dorimont ? C'est un homme d'un
beau nom ; ma fille et lui allaient avoir un procès ensemble, au sujet
d'une terre considérable; ilnes'agissaitpasmoinsquedesavoiràqui
elle resterait, et on a songé à les marier, pour empêcher qu'ils ne
plaident. Mafilleest veuve d'un hommequiétaitfortconsidérédans
le monde, et qui l'a laissée fort riche. Mais Madame la comtesse
Dorimont aurait un rang si élevé, irait de pair avec des personnes
d'unesigrandedistinction, qu'ilmetardedevoircemariageconclu;
et, je l'avoue, je serai charmée moi-mêmed'êtrelamèrede Madame la
comtesse Dorimont, et de plus que cela peut-être ; car Monsieur le
comte Dorimont est en passe d'aller à tout.

DORANTE

Lesparoles sont-elles données de part et d'autre ?

MADAME ARGANTE

Pastoutàfaitencore, maisàpeuprès; ma fillen'en estpaséloignée.
Elle souhaiterait seulement, dit-elle, d'être bien instruite de l'état de
l'affaire et savoir si elle n'a pas meilleur droit que Monsieur le Comte,
afin que, si elle l'épouse, il lui en ait plus d'obligation. Mais j'ai
quelquefois peur que ce ne soit une défaite. Ma fille n'a qu'un

24

défaut ; c'est que je ne lui trouve pas assez d'élévation. Le beau nomde Dorimont et lerangdecomtessenela touchent pas assez ; elle ne sent pas le désagrément qu'il y a de n'être qu'une bourgeoise. Elle s'endort dans cet état, malgré le bien qu'elle a.

DORANTE, *doucement.*

Peut-être n'en sera-t-elle pas plus heureuse, si elle en sort.

MADAME ARGANTE, *vivement.*

Il ne s'agit pas de ce que vous pensez, gardez votre petite réflexion roturière, et servez-nous, si vous voulez être de nos amis.

MARTON

C'est un petit trait de morale qui ne gâte rien à notre affaire.

MADAME ARGANTE

Morale subalterne qui me déplaît.

DORANTE

De quoi est-il question, Madame ?

MADAME ARGANTE

De dire à ma fille, quand vous aurez vu ses papiers, que son droit est le moins bon ; que si elle plaidait, elle perdrait.

DORANTE

Si effectivement son droit est le plus faible, je ne manquerai pas de l'en avertir, Madame.

MADAME ARGANTE, *à part, à Marton.*

Hum ! Quel esprit borné ! *(À Dorante.)* Vous n'y êtes point ; ce n'est pas là ce qu'on vous dit ; on vous charge de lui parler ainsi, indépendamment de son droit bien ou mal fondé.

DORANTE

Mais, Madame, il n'y aurait point de probité à la tromper.

MADAME ARGANTE

De probité ! J'en manque donc, moi ? Quel raisonnement ! C'est moi qui suis sa mère, et qui vous ordonne de la tromper à son avantage, entendez- vous ? C'est moi, moi.

DORANTE

Il y aura toujours de la mauvaise foi de ma part.

26

MADAME ARGANTE, *à part, à Marton.*

C'est un ignorant que cela, qu'il faut renvoyer. Adieu, Monsieur l'homme d'affaires qui n'avez fait celles de personne.

(Elle sort.)

Scène XI

Dorante, Marton.

DORANTE

Cette mère-là ne ressemble guère à sa fille.

MARTON

Oui, il y a quelque différence, et je suis fâchée de n'avoir pas eu le temps de vous prévenir sur son humeur brusque. Elle est extrêmement entêtée de ce mariage, comme vous voyez. Au surplus, que vous importe ce que vous direz à la fille ? Dès que la mère sera votre garant, vous n'aurez rien à vous reprocher, ce me semble ; ce ne sera pas là une tromperie.

DORANTE

Eh ! vous m'excuserez : ce sera toujours l'engager à prendre un parti qu'elle ne prendrait peut-être pas sans cela. Puisque l'on veut que j'aide à l'y déterminer, elle y résiste donc ?

MARTON

C'est par indolence.

DORANTE

Croyez-moi, disons la vérité.

MARTON

Oh çà, il y a une petite raison à laquelle vous devez vous rendre ; c'est que Monsieur le Comte me fait présent de mille écus le jour de la signature du contrat ; et cet argent-là, suivant le projet de Monsieur Remy, vous regarde aussi bien que moi, comme vous voyez.

DORANTE

Tenez, Mademoiselle Marton, vous êtes la plus aimable fille du monde ; mais ce n'est que faute de réflexion que ces mille écus vous tentent.

MARTON

Au contraire, c'est par réflexion qu'ils me tentent. Plus j'y rêve, et plus je les trouve bons.

DORANTE

Mais vous aimez votre maîtresse : et si elle n'était pas heureuse avec cet homme-là, ne vous reprocheriez-vous pas d'y avoir contribué pour une si misérable somme ?

MARTON

Ma foi, vous avez beau dire. D'ailleurs, le Comte est un honnête homme, et je n'y entends point de finesse. Voilà Madame qui revient ; elle a à vous parler. Je me retire ; méditez sur cette somme, vous la goûterez aussi bien que moi.

DORANTE

Je ne suis plus si fâché de la tromper.

Scène XII

Araminte, Dorante.

ARAMINTE

Vous avez donc vu ma mère !

DORANTE

Oui, Madame, il n'y a qu'un moment.

ARAMINTE

Elle me l'a dit, et voudrait bien que j'en eusse pris un autre que vous.

DORANTE

Il me l'a paru.

ARAMINTE

Oui, mais ne vous embarrassez point, vous me convenez.

DORANTE

Je n'ai point d'autre ambition.

ARAMINTE

Parlons de ce que j'ai à vous dire; mais que ceci soit secret entre nous, je vous prie.

DORANTE

Je me trahirais plutôt moi-même.

ARAMINTE

Je n'hésite point non plus à vous donner ma confiance. Voici ce que c'est : on veut me marier avec Monsieur le comte Dorimont, pour éviter un grand procès que nous aurions ensemble au sujet d'une terre que je possède.

DORANTE

Je le sais, Madame et j'ai le malheur d'avoir déplu tout à l'heure, là-dessus, à Madame Argante.

ARAMINTE

Eh ! d'où vient ?

DORANTE

C'est que si, dans votre procès, vous avez le bon droit de votre côté, on souhaite que je vous dise le contraire, afin de vous engager plus vite à ce mariage ; et j'ai prié qu'on m'en dispensât.

ARAMINTE

Que ma mère est frivole ! Votre fidélité ne me surprend point ; j'y comptais. Faites toujours de même, et ne vous choquez point de ce que ma mère vous a dit, je la désapprouve ; a-t-elle tenu quelque discours désagréable ?

DORANTE

Il n'importe, Madame ; mon zèle et mon attachement en augmentent : voilà tout.

ARAMINTE

Et voilà pourquoi aussi je ne veux pas qu'on vous chagrine, et j'y mettrai bon ordre. Qu'est-ce que cela signifie ? Je me fâcherai si cela continue. Comment donc, vous ne seriez pas en repos ! On aura de mauvais procédés avec vous, parce que vous en avez d'estimables ; cela serait plaisant !

DORANTE

Madame, par toute la reconnaissance que je vous dois, n'y prenez point garde : je suis confus de vos bontés, et je suis trop heureux d'avoir été querellé.

ARAMINTE

Je loue vos sentiments. Revenons à ce procès dont il est question. Si je n'épouse point Monsieur le Comte…

Scène XIII

Dorante, Araminte, Dubois.

DUBOIS

Madame la Marquise se porte mieux, Madame *(Il feint de voir Dorante avec surprise.)*, et vous est fort obligée… fort obligée de votre attention.

(Dorante feint de détourner la tête, pour se cacher de Dubois.)

ARAMINTE

Voilà qui est bien.

DUBOIS, *regardant toujours Dorante.*

Madame, on m'a chargé aussi de vous dire un mot qui presse.

ARAMINTE

De quoi s'agit-il ?

DUBOIS

Il m'est recommandé de ne vous parler qu'en particulier.

ARAMINTE, *à Dorante.*

Je n'ai point achevé ce que je voulais vous dire ; laissez-moi, je vous prie, un moment, et revenez.

Scène XIV

Araminte, Dubois.

ARAMINTE

Qu'est-ce que c'est donc que cet air étonné que tu as marqué, ce me semble, en voyant Dorante ? D'où vient cette attention à le regarder ?

DUBOIS

Ce n'est rien, sinon que je ne saurais plus avoir l'honneur de servir Madame, et qu'il faut que je lui demande mon congé.

ARAMINTE, *surprise.*

Quoi ! Seulement pour avoir vu Dorante ici ?

DUBOIS

Savez-vous à qui vous avez affaire ?

ARAMINTE

Au neveu de Monsieur Remy, mon procureur.

DUBOIS

Eh ! Par quel tour d'adresse est-il connu de Madame ? Comment a-t-il fait pour arriver jusqu'ici ?

ARAMINTE

C'est Monsieur Remy qui me l'a envoyé pour intendant.

DUBOIS

Lui, votre intendant ! Et c'est Monsieur Remy qui vous l'envoie : hélas ! le bonhomme, il ne sait pas qu'il vous donne ; c'est un démon que ce garçon-là.

ARAMINTE

Mais, que signifient tes exclamations ? Explique-toi : est-ce que tu le connais ?

DUBOIS

Si je le connais, Madame ! si je le connais ! Ah, vraiment oui ; et il me connaît bien aussi. N'avez-vous pas vu comme il se détournait de peur que je ne le visse ?

ARAMINTE

Il est vrai ; et tu me surprends à mon tour. Serait-il capable de quelque mauvaise action, que tu saches ? Est-ce que ce n'est pas un honnêtehomme ?

DUBOIS

Lui! Iln'y apointdeplusbravehommedanstoutelaterre; il a, peut-être, plus d'honneur à lui tout seul que cinquante honnêtes gens ensemble. Oh ! c'est une probité merveilleuse ; il n'a, peut-être, pas son pareil.

ARAMINTE

Eh ! De quoi peut-il donc être question ? D'où vient que tu m'alarmes ? En vérité j'en suis touteémue.

DUBOIS

Sondéfaut, c'estlà. *(Ilsetouchelefront.)* C'estàlatêtequele mal le tient.

ARAMINTE

À la tête !

DUBOIS

Oui, il est timbré ; maistimbrécomme cent.

ARAMINTE

Dorante ! Il m'a paru de très bon sens. Quellepreuve as-tu de sa folie ?

DUBOIS

Quelle preuve ? Il y a six mois qu'il est tombé fou ; il y a six mois qu'il extravague d'amour, qu'il en a la cervelle brûlée, qu'il en est comme un perdu ; je dois bien le savoir, car j'étais à lui, je le servais ; et c'est ce qui m'a obligé de le quitter, et c'est ce qui me force de m'en aller encore ; ôtez cela, c'est un homme incomparable.

ARAMINTE, *un peu boudant.*

Oh bien, il fera ce qu'il voudra mais je ne le garderai pas. On a bien affaire d'un esprit renversé et peut-être encore, je gage, pour quelque objet qui n'en vaut pas la peine, car les hommes ont des fantaisies…

DUBOIS

34

Ah ! vous m'excuserez ; pour ce qui est de l'objet, il n'y a rien à
dire. Malpeste ! sa folie est de bon goût.

ARAMINTE

N'importe, je veux le congédier. Est-ce que tu la connais, cette
personne?

DUBOIS

J'ai l'honneur de la voir tous les jours : c'est vous, Madame.

ARAMINTE

Moi, dis-tu !

DUBOIS

Il vous adore ; il y a six mois qu'il n'en vit point, qu'il donnerait sa vie pour avoir le plaisir de vous contempler un instant. Vous avez dû voir qu'il a l'air enchanté, quand il vous parle.

ARAMINTE

Il y a bien, en effet, quelque petite chose qui m'a paru extraordinaire. Eh ! juste ciel ! Le pauvre garçon, de quoi s'avise-t-il ?

DUBOIS

Vous ne croiriez pas jusqu'où va sa démence ; elle le ruine, elle lui coupe la gorge. Il est bien fait, d'une figure passable, bien élevé et de bonne famille ; mais il n'est pas riche et vous saurez qu'il n'a tenu qu'à lui d'épouser des femmes qui l'étaient, et de fort aimables, ma foi, qui offraient de lui faire sa fortune et qui auraient mérité qu'on la leur fît à elles-mêmes. Il y en a une qui n'en saurait revenir, et qui le poursuit encore tous les jours ; je le sais, car je l'ai rencontrée.

ARAMINTE, *avec*
négligence.

Actuellement
?

DUBOIS

Oui, Madame, actuellement, une grande brune très piquante, et qu'il fuit. Il n'y a pas moyen ; Monsieur refuse tout. Je les tromperais, me disait-il ; je ne puis les aimer, mon cœur est parti ; ce qu'il disait quelquefois la larme à l'œil car il sent bien son tort.

ARAMINTE

Cela est fâcheux. Mais, où m'a-t-il vue, avant que de venir chez moi, Dubois ?

DUBOIS

Hélas ! Madame, ce fut un jour que vous sortîtes de l'Opéra, qu'il perdit la raison c'était un vendredi, je m'en ressouviens ; oui, un vendredi ; il vous vit descendre l'escalier, à ce qu'il me raconta, et

36

vous suivit jusqu'à

votre carrosse ; il avait demandé votre nom, et je le trouvai qui était comme extasié ; il ne remuait plus.

ARAMINTE

Quelle aventure !

DUBOIS

J'eus beau lui crier : Monsieur ! Point de nouvelles, il n'y avait plus personne au logis. À la fin, pourtant, il revint à lui avec un air égaré. Je le jetai dans une voiture, et nous retournâmes à la maison. J'espérais que cela se passerait, car je l'aimais : c'est le meilleur maître ! Point du tout, il n'y avait plus de ressource. Ce bon sens, cet esprit jovial, cette humeur charmante, vous aviez tout expédié. Et dès le lendemain nous ne fîmes plus tous deux, lui, que rêver à vous, que vous aimer ; moi, d'épier depuis le matin jusqu'au soir où vous alliez.

ARAMINTE

Tu m'étonnes à un point !...

DUBOIS

Je me fis même ami d'un de vos gens qui n'y est plus ; un garçon fort exact, et qui m'instruisait, et à qui je payais bouteille. C'est à la Comédie qu'on va, me disait-il ; et je courais faire mon rapport, sur lequel, dès quatre heures, mon homme était à la porte. C'est chez Madame celle-ci ; c'est chez Madame celle-là ; et, sur cet avis, nous allions toute la soirée habiter la rue, ne vous déplaise, pour voir Madame entrer et sortir, lui dans un fiacre, et moi derrière ; tous deux morfondus et gelés ; car c'était dans l'hiver ; lui, ne s'en souciant guère ; moi, jurant par-ci par-là pour me soulager.

ARAMINTE

Est-il possible ?

DUBOIS

Oui, Madame. À la fin, ce train de vie m'ennuya ; ma santé s'altérait, la sienne aussi. Je lui fis accroire que vous étiez à la campagne, il le crut, et j'eus quelque repos. Mais n'alla-t-il pas, deux jours après, vous rencontrer aux Tuileries, où il avait été s'attrister de votre absence. Au retour, il était furieux, il voulut me battre, tout bon qu'il est moi, je ne le voulus point, et je le quittai. Mon bonheur ensuite m'a mis chez Madame, où, à force de se démener, je le trouve parvenu à votre intendance ; ce qu'il ne troquerait pas contre la place d'un empereur.

ARAMINTE

Y a-t-il rien de si particulier ? Je suis si lasse d'avoir des gens qui me trompent, que je me réjouissais de l'avoir, parce qu'il a de la probité ; ce n'est pas que je sois fâchée, car je suis bien au-dessus de cela.

DUBOIS

Il y aura de la bonté à le renvoyer. Plus il voit Madame, plus il s'achève.

ARAMINTE

Vraiment, je le renverrai bien ; mais ce n'est pas là ce qui le guérira. D'ailleurs, je ne sais que dire à Monsieur Remy, qui me l'a recommandé et ceci m'embarrasse. Je ne vois pas trop comment m'en défaire, honnêtement.

DUBOIS

Oui, mais vous ferez un incurable, Madame.

ARAMINTE, *vivement.*

Oh ! Tant pis pour lui. Je suis dans des circonstances où je ne saurais me passer d'un intendant ; et puis, il n'y a pas tant de risque que tu le crois : au contraire, s'il y avait quelque chose qui pût ramener cet homme, c'est l'habitude de me voir plus qu'il n'a fait, ce serait même un service à lui rendre.

DUBOIS

Oui, c'est un remède bien innocent. Premièrement, il ne vous dira mot ; jamais vous n'entendrez parler de son amour.

ARAMINTE

En es-tu bien sûr ?

DUBOIS

Oh ! il ne faut pas en avoir peur ; il mourrait plutôt. Il a un respect, une adoration, une humilité pour vous, qui n'est pas concevable. Est-ce que vous croyez qu'il songe à être aimé ? Nullement. Il dit que dans l'univers il n'y a personne qui le mérite ; il ne veut que vous voir, vous considérer, regarder vos yeux, vos grâces, votre belle taille et puis c'est tout : il me l'a dit mille fois.

ARAMINTE, *haussant les épaules.*

Voilàquiestbien dignede compassion ! Allons, jepatienterai quelques jours, en attendantquej'en aie un autre au surplus, ne crainsrien, jesuis contente de toi ; je récompenserai ton zèle, et je ne veux pas que tu me quittes ; entends-tu, Dubois?

DUBOIS

Madame, je vous suis dévoué pour la vie.

ARAMINTE

J'aurai soin de toi. Surtout qu'il ne sache pas que je suis instruite ; garde un profond secret, et que tout le monde, jusqu'à Marton, ignore ce que tu m'as dit ; ce sont de ces choses qui ne doivent jamais percer.

DUBOIS

Je n'en ai jamais parlé qu'à Madame.

ARAMINTE

Le voici qui revient ; va-t'en.

Scène XV

Dorante, Araminte.

ARAMINTE, *un moment seule.*

Lavéritéestquevoiciuneconfidencedontje me seraisbienpassée moi- même.

DORANTE

Madame, je me rends à vos ordres.

ARAMINTE

Oui, Monsieur ; de quoi vous parlais-je ? Je l'ai oublié.

DORANTE

D'un procès avec Monsieur le comte Dorimont.

ARAMINTE

Je me remets ; je vous disais qu'on veut nous marier.

DORANTE

Oui, Madame, et vous alliez, je crois, ajouter que vous n'étiez pas portée à ce mariage.

ARAMINTE

Il est vrai. J'avais envie de vous charger d'examiner l'affaire, afin de savoir si je ne risquerais rien à plaider ; mais je crois devoir vous dispenser de ce travail ; je ne suis pas sûre de pouvoir vous garder.

DORANTE

Ah ! Madame, vous avez eu la bonté de me rassurer là-dessus.

ARAMINTE

Oui ; mais je ne faisais pas réflexion que j'ai promis à Monsieur le Comte de prendre un intendant de sa main ; vous voyez bien qu'il ne serait pas honnête de lui manquer de parole ; et du moins faut-il que je parle à celui qu'il m'amènera.

DORANTE

Je ne suis pas heureux ; rien ne me réussit, et j'aurai la douleur d'être renvoyé.

ARAMINTE, *par faiblesse.*

Je ne dis pas cela. Il n'y a rien de résolu là-dessus.

DORANTE

Ne me laissez point dans l'incertitude où je suis, Madame.

ARAMINTE

Eh ! mais, oui, je tâcherai que vous restiez ; je tâcherai.

DORANTE

Vousm'ordonnez doncdevousrendrecomptedel'affaire en question ?

ARAMINTE

Attendons;si j'allaisépouserleComte, vousauriezprisunepeine inutile.

DORANTE

Je croyais avoir entendu dire à Madame qu'elle n'avait point de penchant pour lui.

ARAMINTE

Pas
encore.

DORANTE

Et d'ailleurs, votre situation est si tranquille et si douce.

ARAMINTE, *à part.*

Je n'ai pas le courage de l'affliger !… Eh bien, oui-da ; examinez toujours, examinez. J'ai des papiers dans mon cabinet, je vais les chercher. Vous viendrez les prendre, et je vous les donnerai. *(En s'en allant.)* Je n'oserais presque le regarder !

Scène XVI

Dorante, Dubois, venant d'un air mystérieux et comme passant.

DUBOIS

Marton vous cherche pour vous montrer l'appartement qu'on vous destine. Arlequin est allé boire ; j'ai dit que j'allais vous avertir. Comment vous traite-t-on ?

DORANTE

Qu'elle est aimable ! Je suis enchanté ! De quelle façon a-t-elle reçu ce que tu lui as dit ?

DUBOIS, *comme en fuyant.*

Elle opine tout doucement à vous garder par compassion. Elle espère vous guérir par l'habitude de la voir.

DORANTE, *charmé.*

Sincèrement ?

DUBOIS

Elle n'en réchappera point ; c'est autant de pris. Je m'en retourne.

DORANTE

Reste, au contraire ; je crois que voici Marton. Dis-lui que Madame m'attend pour me remettre des papiers, et que j'irai la trouver dès que je les saurai.

DUBOIS

Partez ; aussi bien ai-je un petit avis à donner à Marton. Il est bon de jeter dans tous les esprits les soupçons dont nous avons besoin.

Scène XVII

Dubois, Marton.

MARTON

Où est donc Dorante ? Il me semble l'avoir vu avec toi.

DUBOIS, *brusquement.*

Il dit que Madame l'attend pour des papiers ; il reviendra ensuite. Au reste, qu'est-il nécessaire qu'il voie cet appartement ? S'il n'en voulait pas, il serait bien délicat : pardi, je lui conseillerais…

MARTON

Ce ne sont pas là tes affaires : je suis les ordres de Madame.

DUBOIS

Madame est bonne et sage ; mais prenez garde, ne trouvez-vous pas que ce petit galant-là fait les yeux doux ?

MARTON

Il les fait comme il les a.

DUBOIS

Je me trompe fort, si je n'ai pas vu la mine de ce freluquet considérer, je ne sais où, celle de Madame.

MARTON

Eh bien, est-ce qu'on te fâche quand on la trouve belle ?

DUBOIS

Non ; mais je me figure quelquefois qu'il n'est venu ici que pour la voir de plus près.

MARTON, *riant.*

Ah ! ah ! Quelle idée ! Va, tu n'y entends rien ; tu t'y connais mal.

DUBOIS, *riant.*

Ah ! ah ! Je suis donc bien sot.

MARTON, *riant en s'en allant.*

Ah ! ah ! L'original avec ses observations !

Allez, allez, prenez toujours ; j'aurai soin de vous les faire trouver meilleures. Allons faire jouer toutes nos batteries.

Acte II

Scène première

Araminte, Dorante.

DORANTE

Non, Madame, vous ne risquez rien ; vous pouvez plaider en toute sûreté. J'ai même consulté plusieurs personnes, l'affaire est excellente ; et si vous n'avez que le motif dont vous parlez pour épouser Monsieur le Comte, rien ne vous oblige à ce mariage.

ARAMINTE

Je l'affligerai beaucoup, et j'ai de la peine à m'y résoudre.

DORANTE

Il ne serait pas juste de vous sacrifier à la crainte de l'affliger.

ARAMINTE

Mais avez-vous bien examiné ? Vous me disiez tantôt que mon état était doux et tranquille ; n'aimeriez-vous pas mieux que j'y restasse ? N'êtes-vous pas un peu trop prévenu contre le mariage, et par conséquent contre Monsieur le Comte ?

DORANTE

Madame, j'aime mieux vos intérêts que les siens, et que ceux de qui que ce soit au monde.

ARAMINTE

Je ne saurais y trouver à redire en tout cas, si je l'épouse, et qu'il veuille en mettre un autre ici, à votre place, vous n'y perdrez point ; je vous promets de vous en trouver une meilleure.

DORANTE, *tristement.*

Non, Madame : si j'ai le malheur de perdre celle-ci, je ne serai plus à personne ; et apparemment que je la perdrai ; je m'y attends.

ARAMINTE

Je crois pourtant que je plaiderai ; nous verrons.

DORANTE

J'avais encore une petite chose à vous dire, Madame. Je viens d'apprendre que le concierge d'une de vos terres est mort, on pourrait y mettre un de vos gens ; et j'ai songé à Dubois, que je remplacerai ici par un domestique dont je réponds.

ARAMINTE

Non, envoyez plutôt votre homme au château, et laissez-moi Dubois ; c'est un garçon de confiance, qui me sert bien, et que je veux garder. À propos, il m'a dit, ce me semble, qu'il avait été à vous quelque temps ?

DORANTE, *feignant un peu d'embarras.*

Il est vrai, Madame : il est fidèle, mais peu exact. Rarement, au reste, ces gens-là parlent-ils bien de ceux qu'ils ont servis. Ne me nuirait-il point dans votre esprit ?

ARAMINTE, *négligemment.*

Celui-ci dit beaucoup de bien de vous, et voilà tout. Que me veut Monsieur Remy ?

Scène II

Araminte, Dorante, Monsieur Remy.

MONSIEUR REMY

Madame, je suis votre très humble serviteur. Je viens vous remercier de la bontéquevousavezeuedeprendremonneveuà ma recommandation.

ARAMINTE

Je n'ai pas hésité, comme vous l'avez vu.

MONSIEUR REMY

Jevousrendsmillegrâces.Nem'aviez-vouspasditqu'onvousen offrait un autre ?

ARAMINTE

Oui,
Monsieur.

MONSIEUR
REMY

Tant mieux ; car je viens vous demander celui-ci pour une affaire d'importance.

DORANTE, *d'un air de refus.*

Et d'où vient, Monsieur ?

MONSIEUR
REMY

Patience
!

ARAMINTE

Mais, Monsieur Remy, ceci est un peu vif ; vous prenez assez mal votre temps, et j'ai refusé l'autre personne.

DORANTE

Pour moi, je ne sortirai jamais de chez Madame qu'elle ne me congédie.

MONSIEUR REMY, *brusquement.*

Vous ne savez ce que vous dites. Il faut pourtant sortir ; vous allez voir. Tenez, Madame, jugez-en vous-même ; voici de quoi il est question. C'est une dame de trente-cinq ans, qu'on dit jolie femme, estimable, et de quelque distinction ; qui ne déclare pas son nom ; qui dit que j'ai été son procureur ; qui a quinze mille livres de rente pour le moins, ce qu'elle prouvera ; qui a vu Monsieur chez moi ; qui lui a parlé ; qui sait qu'il n'a pas de bien, et qui offre de l'épouser sans délai. Et la personne qui est venue chez moi de sa part doit revenir tantôt pour savoir la réponse, et vous mener tout de suite chez elle. Cela est-il net ? Y a-t-il à consulter là-dessus ? Dans deux heures, il faut être au logis. Ai-je tort, Madame ?

ARAMINTE, *froidement.*

C'est à lui à répondre.

MONSIEUR REMY

Eh bien ! à quoi pense-t-il donc ? Viendrez-vous ?

DORANTE

Non, Monsieur, je ne suis pas dans cette disposition-là.

MONSIEUR REMY

Hum! Quoi? Entendez-vous ce que je vous dis, qu'elle a quinze mille livres de rente ? Entendez-vous?

DORANTE

Oui, Monsieur; mais en eût-elle vingt fois davantage, je ne l'épouserais pas ; nous ne serions heureux ni l'un ni l'autre : j'ai le cœur pris ; j'aime ailleurs.

MONSIEUR REMY, *d'un ton railleur, et traînant ses mots.*

J'ai le cœur pris : voilà qui est fâcheux ! Ah, ah, le cœur est admirable ! Je n'aurais jamais deviné la beauté des scrupules de ce cœur-là, qui veut qu'on reste intendant de la maison d'autrui pendant qu'on peut l'être de la sienne. Est-ce là votre dernier mot, berger fidèle ?

DORANTE

Je ne saurais changer de sentiment, Monsieur.

MONSIEUR REMY

Oh ! le sot cœur, mon neveu ! Vous êtes un imbécile, un insensé ; et je tiens celle que vous aimez pour une guenon, si elle n'est pas de mon sentiment, n'est-il pas vrai, Madame, et ne le trouvez-vous pas extravagant ?

ARAMINTE, *doucement.*

Ne le querellez point. Il paraît avoir tort, j'en conviens.

MONSIEUR REMY, *vivement.*

Comment, Madame ! Il pourrait…

ARAMINTE

Dans sa façon de penser je l'excuse. Voyez pourtant, Dorante, tâchez de vaincre votre penchant, si vous le pouvez. Je sais bien que cela est difficile.

DORANTE

Il n'y a pas moyen, Madame, mon amour m'est plus cher que ma vie.

MONSIEUR REMY, *d'un air étonné.*

Ceux qui aiment les beaux sentiments doivent être contents en voilà un des plus curieux qui se fassent. Vous trouverez donc cela raisonnable, Madame ?

ARAMINTE

Je vous laisse ; parlez-lui vous-même. *(À part.)* Il me touche tant, qu'il faut que je m'en aille !

(Elle sort.)

DORANTE, *à part.*

Il ne croit pas si bien me servir.

Scène III

Dorante, Monsieur Remy, Marton.

MONSIEUR REMY, *regardant son neveu.*

Dorante, sais-tu bienqu'il n'y apasdefolaux petites-maisonsdeta force
(Marton arrive.) Venez, Mademoiselle Marton.

MARTON

Je viens d'apprendre que vous étiez ici.

MONSIEUR REMY

Dites-nous un peu votre sentiment : que pensez-vous de quelqu'un qui n'a point de bien, et qui refuse d'épouser une honnête et fort jolie femme, avec quinze mille livres de rente bien venant ?

MARTON

Votrequestionest bien aisée àdécider. Cequelqu'un rêve.

MONSIEUR REMY, *montrant Dorante.*

Voilà le rêveur ; et, pour excuse, il allègue son cœur que vous avez pris ; mais comme apparemment il n'a pas encore emporté le vôtre, et que je vous crois encore, à peu près, dans tout votre bon sens, vu le peu de temps qu'il y a que vous le connaissez, je vous prie de m'aider à le rendre plus sage. Assurément vous êtes fort jolie, mais vous ne le disputerez point à un pareil établissement ; il n'y a point de beaux yeux qui vaillent ce prix-là.

MARTON

Quoi ! Monsieur Remy, c'est de Dorante que vous parlez ? C'est pourse garder à moi qu'il refuse d'être riche ?

MONSIEUR REMY

Tout juste, et vous êtes trop généreuse pour le souffrir.

MARTON, *avec un air de passion.*

Vous vous trompez, Monsieur, je l'aime trop moi-même pour l'en empêcher, et je suis enchantée. Oh ! Dorante, que je vous estime ! Je n'aurais pas cru que vous m'aimassiez tant.

MONSIEUR REMY

Courage je ne fais que vous le montrer, et vous en êtes déjà coiffée ! Pardi, le cœur d'une femme est bien étonnant ! le feu y prend bien vite.

MARTON, *comme chagriné.*

Eh ! Monsieur, faut-il tant de bien pour être heureux ? Madame, qui a de la bonté pour moi, suppléera en partie par sa générosité à ce qu'il me sacrifie. Que je vous ai d'obligation, Dorante !

DORANTE

Oh ! non, Mademoiselle, aucune ; vous n'avez point de gré à me savoir de ce que je fais ; je me livre à mes sentiments, et ne regarde que moi là-dedans. Vous ne me devez rien ; je ne pense pas à votre reconnaissance.

MARTON

Vous me charmez : que de délicatesse ! Il n'y a encore rien de si tendre que ce que vous me dites.

MONSIEUR REMY

Par ma foi, je ne m'y connais donc guère ; car je le trouve bien plat. *(À Marton.)* Adieu, la belle enfant ; je ne vous aurais, ma foi, pas évaluée ce qu'il vous achète. Serviteur. Idiot, garde ta tendresse, et moi ma succession. (Il sort.)

MARTON

Il est en colère, mais nous l'apaiserons.

DORANTE

Je l'espère. Quelqu'un vient.

MARTON

C'est le Comte, celui dont je vous ai parlé, et qui doit épouser Madame.

DORANTE

Je vous laisse donc ; il pourrait me parler de son procès : vous savez ce que je vous ai dit là-dessus, et il est inutile que je le voie.

Scène IV

Le Comte, Marton.

LE COMTE

Bonjour, Marton.

MARTON

Vous voilà donc revenu, Monsieur ?

LE COMTE

Oui. On m'a dit qu'Araminte se promenait dans le jardin, et je viens d'apprendre de sa mère une chose qui me chagrine. Je lui avais retenu un intendant, qui devait aujourd'hui entrer chez elle, et cependant elle en a pris un autre, qui ne plaît point à la mère, et dont nous n'avons rien à espérer.

MARTON

Nous n'en devons rien craindre non plus, Monsieur. Allez, ne vous inquiétez point, c'est un galant homme ; et si la mère n'en est pas contente, c'est un peu de sa faute : elle a débuté tantôt par le brusquer d'une manière si outrée, l'a traité si mal, qu'il n'est pas étonnant qu'elle ne l'ait point gagné. Imaginez- vous qu'elle l'a querellé de ce qu'il est bien fait.

LE COMTE

Ne serait-ce point lui que je viens de voir sortir d'avec vous ?

MARTON

Lui-même.

LE COMTE

Il a bonne mine, en effet, et n'a pas trop l'air de ce qu'il est.

MARTON

Pardonnez-moi, Monsieur ; car il est honnête homme.

LE COMTE

N'y aurait-il pas moyen de raccommoder cela ? Araminte ne me hait pas, je pense ; mais elle est lente à se déterminer et pour achever de la résoudre, il ne s'agirait plus que de lui dire que le sujet de notre discussion est douteux pour elle. Elle ne voudra pas soutenir l'embarras d'un procès. Parlons à cet intendant s'il ne faut que de l'argent pour le mettre dans nos intérêts, je ne l'épargnerai pas.

MARTON

Oh, non ; ce n'est point un homme à mener par là ; c'est le garçon de France le plus désintéressé.

LE COMTE

Tant pis ! ces gens-là ne sont bons à rien.

MARTON

Laissez-moi faire.

Scène V

Le Comte, Arlequin, Marton.

ARLEQUIN

Mademoiselle, voilà un homme qui en demande un autre savez-vous qui c'est ?

MARTON, *brusquement.*

Et qui est cet autre ? À quel homme en veut-il ?

ARLEQUIN

Ma foi, je n'en sais rien ; c'est de quoi je m'informe à vous.

MARTON

Fais-le entrer.

ARLEQUIN, *le faisant sortir des coulisses.*

Eh ! le garçon ! Venez ici dire votre affaire.

Scène VI

Le Comte, Marton, le garçon, Arlequin.

MARTON

Qui cherchez-vous ?

LE GARÇON

Mademoiselle, je cherche un certain Monsieur à qui j'ai à rendre un portrait avec une boîte, qu'il nous a fait faire ; il nous a dit qu'on ne la remit qu'à lui-même, et qu'il viendrait la prendre, mais comme mon père est obligé de partir demain pour un petit voyage, il m'a envoyé pour la lui rendre, et on m'a dit que je saurais de ses nouvelles ici. Je le connais de vue ; mais je ne sais pas son nom.

MARTON

N'est-ce pas vous, Monsieur le Comte ?

LE COMTE

Non, sûrement.

LE GARÇON

Je n'ai point affaire à Monsieur, Mademoiselle, c'est une autre personne.

MARTON

Et chez qui vous a-t-on dit que vous le trouveriez ?

LE GARÇON

Chez un procureur qui s'appelle Monsieur Remy.

LE COMTE

Ah ! n'est-ce pas le procureur de Madame ? Montrez-nous la boîte.

LE GARÇON

Monsieur, cela m'est défendu, je n'ai ordre de la donner qu'à celui à qui elle est : le portrait de la dame est dedans.

LE COMTE

Le portrait d'une dame ! Qu'est-ce que cela signifie ? Serait-ce celui d'Araminte ? Je vais tout à l'heure savoir ce qu'il en est.

Scène VII

Marton, le garçon.

MARTON

Vous avez mal fait de parler de ce portrait devant lui. Je sais qui vous cherchez ; c'est le neveu de Monsieur Remy, de chez qui vous venez.

LE GARÇON

Je le crois aussi, Mademoiselle.

MARTON

Un grand homme qui s'appelle Monsieur Dorante.

LE GARÇON

Il me semble que c'est son nom.

MARTON

Il me l'adit : jesuisdans sa confidence. Avez-vousremarquéle portrait?

LE GARÇON

Non ; je n'ai pas pris garde à qui il ressemble.

MARTON

Eh bien, c'est de moi dont il s'agit. Monsieur Dorante n'est pas ici, etne reviendrapas sitôt. Vousn'avezqu'à me remettre la boîte ; vous le pouvez en toute sûreté ; vous lui feriez même plaisir. Vous voyez que je suis au fait.

LE GARÇON

C'est ce qui me paraît. La voilà, Mademoiselle. Ayez donc, je vous prie, le soin de la lui rendre quand il sera venu.

MARTON

Oh, je n'y manquerai pas.

LE GARÇON

Il y a encore une bagatelle qu'il doit dessus, mais je tâcherai de repasser tantôt, et si il n'y était pas, vous auriez la bonté d'achever de payer.

MARTON

Sans difficulté. Allez. *(À part.)* Voici Dorante. *(Au garçon.)* Retirez-vous vite.

Scène VIII

Marton, Dorante.

MARTON, *un moment seule et joyeuse.*

Ce ne peut être que mon portrait. Le charmant homme ! Monsieur Remy avait raison de dire qu'il y avait quelque temps qu'il me connaissait.

DORANTE

Mademoiselle, n'avez-vous pas vu ici quelqu'un qui vient d'arriver ? Arlequin croit que c'est moi qu'il demande.

MARTON, *le regardant avec tendresse.*

Que vous êtes aimable, Dorante ! Je serais bien injuste de ne pas vous aimer. Allez, soyez en repos ; l'ouvrier est venu, je lui ai parlé ; j'ai la boîte ; je la tiens.

DORANTE

J'ignore…

MARTON

Point de mystère ; je la tiens, vous dis-je, et je ne m'en fâche pas. Je vous la rendrai quand je l'aurai vue. Retirez-vous, voici Madame avec sa mère et le Comte ; c'est, peut-être, de cela qu'ils s'entretiennent. Laissez-moi les calmer là-dessus, et ne les attendez pas.

DORANTE, *en s'en allant, et riant.*

Tout a réussi, elle prend le change à merveille !

Scène IX

Araminte, le Comte, Madame Argante, Marton.

ARAMINTE

Marton, qu'est-ce que c'est qu'un portrait dont Monsieur le Comte me parle, qu'on vient d'apporter ici à quelqu'un qu'on ne nomme pas, et qu'on soupçonne être le mien ? Instruisez-moi de cette histoire-là.

MARTON, d'un air rêveur.

Ce n'est rien, Madame ; je vous dirai ce que c'est : je l'ai démêlé après que Monsieur le Comte est parti ; il n'a que faire de s'alarmer. Il n'y a rien là qui vous intéresse.

LE COMTE

Comment le savez-vous, Mademoiselle ? Vous n'avez point vu le portrait ?

MARTON

N'importe, c'est tout comme si je l'avais vu. Je sais qui il regarde ; n'en soyez point en peine.

LE COMTE

Ce qu'il y a de certain, c'est un portrait de femme, et c'est ici qu'on vient chercher la personne qui l'a fait faire, à qui on doit le rendre, et ce n'est pas moi.

MARTON

D'accord. Mais quand je vous dis que c'est Madame n'y est pour rien, ni vous non plus.

ARAMINTE

Eh bien si vous êtes instruite, dites-nous donc de quoi il est question, car je veux le savoir. On a des idées qui ne me plaisent point. Parlez.

MADAME ARGANTE

Oui, ceci a un air de mystère qui est désagréable. Il ne faut pourtant pas vous fâcher, ma fille. Monsieur le Comte vous aime, et un peu de jalousie, même injuste, ne messied pas à un amant.

LE COMTE

Je ne suis jaloux que de l'inconnu qui ose se donner le plaisir d'avoir le portrait de Madame.

ARAMINTE, *vivement.*

Comme il vous plaira, Monsieur, mais j'ai entendu ce que vous vouliez dire, et je crains un peu ce caractère d'esprit-là. Eh bien, Marton ?

MARTON

Eh bien, Madame, voilà bien du bruit ! C'est mon portrait.

LE COMTE

Votre portrait ?

MARTON

Oui, le mien. Eh ! Pourquoi non, s'il vous plaît ? Il ne faut pas tant se récrier.

MADAME ARGANTE

Je suis assez comme Monsieur le Comte la chose me paraît singulière.

MARTON

Ma foi, Madame, sans vanité, on en peint tous les jours, et de plus huppées, qui ne me valent pas.

ARAMINTE

Et qui est-ce qui a fait cette dépense-là pour vous ?

MARTON

Un très aimable homme qui m'aime, qui a de la délicatesse et des sentiments, et qui me recherche ; et puisqu'il faut vous le nommer, c'est Dorante.

ARAMINTE

Mon intendant

MARTON

? Lui-même.

MADAME

ARGANTE

Le fat, avec ses sentiments !

ARAMINTE, *brusquement.*

Eh ! vous nous trompez ; depuis qu'il est ici, a-t-il eu le temps de vous faire peindre ?

Mais ce n'est pasd'aujourd'huiqu'ilmeconnaît.

ARAMINTE, *vivement.*

Donnez donc.

MARTON

Je n'ai pas encore ouvert la boîte, mais c'est moi que vous y allez voir.

(Araminte l'ouvre, tous regardent.)

LE COMTE

Eh ! Je m'en doutais bien ; c'est Madame.

MARTON

Madame !… Il est vrai, et me voilà bien loin de mon compte ! *(À part.)*
Dubois avait raison tantôt.

ARAMINTE, *à part.*

Et moi, je vois clair. *(À Marton.)* Par quel hasard avez-vous cru que c'était vous ?

MARTON

Ma foi, Madame, toute autre que moi s'y serait trompée. Monsieur Remy me dit que son neveu m'aime, qu'il veut nous marier ensemble ; Dorante est présent, et ne dit point non ; il refuse devant moi un très riche parti ; l'oncle s'en prend à moi, me dit que j'en suis cause. Ensuite vient un homme qui apporte ce portrait, qui vient chercher ici celui à qui il appartient ; je l'interroge : à tout ce qu'il répond, je reconnais Dorante. C'est un portrait de femme, Dorante m'aime jusqu'à refuser sa fortune pour moi. Je conclus donc que c'est moi qu'il a fait peindre. Ai-je eu tort ? J'ai pourtant mal conclu. J'y renonce ; tant d'honneur ne m'appartient point. Je crois voir toute l'étendue de ma méprise, et je me tais.

ARAMINTE

Ah ! ce n'est pas là une chose bien difficile à deviner. Vous faites le fâché, l'étonné, Monsieur le Comte, il y a eu quelque malentendu dans les mesures que vous avez prises ; mais vous ne m'abusez point ; c'est à vous qu'on apportait le portrait. Un homme dont on ne sait pas le nom, qu'on vient chercher ici, c'est vous, Monsieur, c'est vous.

MARTON, *d'un air sérieux.*

Je ne crois pas.

MADAME ARGANTE

Oui, oui, c'est Monsieur : à quoi bon vous en défendre ? Dans les termes où vous en êtes avec ma fille, ce n'est pas là un si grand crime ; allons, convenez-en.

LE COMTE, *froidement.*

Non, Madame, ce n'est point moi, sur mon honneur, je ne connais pas ce Monsieur Remy ; comment aurait-on dit chez lui qu'on aurait de mes nouvelles ici ? Cela ne se peut pas.

MADAME ARGANTE, *d'un air pensif.*

Je ne faisais pas d'attention à cette circonstance.

ARAMINTE

Bon ! qu'est-ce que c'est qu'une circonstance de plus ou de moins ? Je n'en rabats rien. Quoiqu'il en soit, je le garde, personne ne l'aura. Mais quel bruit entendons-nous ? Voyez ce que c'est, Marton.

Scène X

Araminte, le Comte, Madame
Argante, Marton, Dubois,Arlequin.

ARLEQUIN, *en entrant.*

Tu es un plaisant magot !

MARTON

À qui en avez-vous donc, vous autres ?

DUBOIS

Si je disais un mot, ton maître sortirait bien vite.

ARLEQUIN

Toi? Nousnoussoucionsdetoi et detoutetaracedecanaille commede
cela.

DUBOIS

Comme je te bâtonnerais, sans le respect de Madame !

ARLEQUIN

Arrive, arrive ; la voilà, Madame.

ARAMINTE

Quel sujet avez-vous donc de quereller ? De quoi s'agit-il ?

MADAME ARGANTE

Approchez,Dubois. Apprenez-nouscequec'estquecemotquevous
diriez contre Dorante ; il serait bon de savoir ce que c'est.

ARLEQUIN

Prononcedonc ce

ARAMINT

mot. Tais-toi; laisse-le

E

parler.

DUBOIS

Il y a une heure qu'il me dit mille invectives, Madame.

ARLEQUIN

Je soutiens les intérêts de mon maître, je tire des gages pour cela, et

74

je ne souffrirai point qu'un ostrogoth menace mon maître d'un mot ; j'en demande justice à Madame.

MADAME ARGANTE

Mais, encore une fois, sachons ce que veut dire Dubois, par ce mot ; c'est le plus pressé.

ARLEQUIN

Je lui défie d'en dire seulement une lettre.

DUBOIS

C'est par pure colère que j'ai fait cette menace, Madame, et voici la cause de la dispute. En arrangeant l'appartement de Monsieur Dorante, j'y ai vu, par hasard, un tableau où Madame est peinte, et j'ai cru qu'il fallait l'ôter, qu'il n'avait que faire là, qu'il n'était point décent qu'il y restât ; de sorte que j'ai été pour le détacher ; ce butor est venu pour m'en empêcher, et peu s'en est fallu que nous ne nous soyons battus.

ARLEQUIN

Sans doute, de quoi t'avises-tu d'ôter ce tableau qui est tout à fait gracieux que mon maître considérait, il n'y avait qu'un moment, avec toute la satisfaction possible ? Car je l'avais vu qui l'avait contemplé de tout son cœur, et il prend fantaisie à ce brutal de le priver d'une peinture qui réjouit cet honnête homme. Voyez la malice ! Ôte-lui quelque autre meuble, s'il en a trop, mais laisse-lui cette pièce, animal.

DUBOIS

Et moi je te dis qu'on ne la laissera point, que je la détacherai moi-même, que tu en auras le démenti, et que Madame le voudra ainsi.

ARAMINTE

Eh ! Que m'importe ? Il était bien nécessaire de faire ce bruit-là pour un vieux tableau qu'on a mis là par hasard, et qui y est resté. Laissez-nous. Cela vaut-il la peine qu'on en parle ?

MADAME ARGANTE, *d'un ton aigre.*

Vous m'excuserez, ma fille ; ce n'est point là sa place, et il n'y a qu'à l'ôter ; votre intendant se passera bien de ses contemplations.

ARAMINTE, *souriant d'un air railleur.*

Oh ! Vous avez raison je ne pense pas qu'il les regrette. *(À Arlequin et à Dubois.)* Retirez-vous tous deux.

Scène XI

Araminte, le Comte, Madame Argante, Marton.

LE COMTE, *d'un ton railleur.*

Ce qui est de sûr, c'est que cet homme d'affaires-là est de bon goût.

ARAMINTE, *ironiquement.*

Oui, la réflexion est juste. Effectivement, il est fort extraordinaire qu'il ait jeté les yeux sur ce tableau.

MADAME ARGANTE

Cet homme-là ne m'a jamais plu un instant, ma fille ; vous le savez, j'ai le coup d'œil assez bon, et je ne l'aime point. Croyez-moi, vous avez entendu la menace que Dubois a faite en parlant de lui, j'y reviens encore, il faut qu'il ait quelque chose à en dire. Interrogez-le ; sachons ce que c'est. Je suis persuadée que ce petit monsieur-là ne vous convient point : nous le voyons tous, il n'y a que vous qui n'y prenez pas garde.

MARTON, *négligemment.*

Pour moi je n'en suis pas contente.

ARAMINTE, *riant ironiquement.*

Qu'est-ce donc que vous voyez, et que je ne vois point ? Je manque de pénétration : j'avoue que je m'y perds ! Je ne vois pas le sujet de me défaire d'un homme qui m'est donné de bonne main, qui est un homme de quelque chose, qui me sert bien, et que trop bien peut-être ; voilà ce qui n'échappe pas à ma pénétration, par exemple.

MADAME ARGANTE

Que vous êtes aveugle !

ARAMINTE, *d'un air souriant.*

Pas tant ; chacun a ses lumières. Je consens, au reste, d'écouter Dubois, le conseil est bon, et je l'approuve. Allez, Marton, allez lui dire que je veux lui parler. S'il me donne des motifs raisonnables de renvoyer cet intendant assez hardi pour regarder un tableau, il ne restera pas longtemps chez moi ; sans quoi, on aura la bonté de trouver bon que je le garde, en attendant qu'il me déplaise à moi.

MADAME ARGANTE, *vivement.*

Eh bien, il vous déplaira, je ne vous en dis pas davantage; en attendant de plus fortes preuves.

LE COMTE

Quant à moi, Madame, j'avoue que j'ai craint qu'il ne me servît mal auprès de vous, qu'il ne vous inspirât l'envie de plaider, et j'ai souhaité, par pure tendresse, qu'il vous en détournât. Il aura pourtant beau faire, je déclare que je renonce à tout procès avec vous, que je ne veux, pour arbitre de notre discussion, que vous et vos gens d'affaires, et que j'aime mieux perdre tout que de rien disputer.

MADAME ARGANTE, *d'un ton décisif.*

Mais où serait la dispute ? Le mariage terminerait tout, et le vôtre est comme arrêté.

LE COMTE

Je garde le silence sur Dorante : je reviendrai, simplement, voir ce que vous pensez de lui et si vous le congédiez, comme je le présume, il ne tiendra qu'à vous de prendre celui que je vous offrais, et que je retiendrai encore quelque temps.

MADAME ARGANTE

Je ferai comme Monsieur, je ne vous parlerai plus de rien non plus ; vous m'accuseriez de vision, et votre entêtement finira sans notre secours. Je compte beaucoup sur Dubois que voici, et avec lequel nous vous laissons.

Scène XII

DUBOIS, ARAMINTE

DUBOIS

On m'a dit que vous vouliez me parler, Madame.

ARAMINTE

Viens ici. Tu es bien imprudent, Dubois, bien indiscret ! Moi qui ai si bonne opinion de toi, tu n'as guère d'attention pour ce que je te dis. Je t'avais recommandé de te taire sur le chapitre de Dorante ; tu en sais les conséquences ridicules, et tu me l'avais promis. Pourquoi donc avoir prise, sur ce misérable tableau, avec un sot qui fait un vacarme épouvantable, et qui vient ici tenir des discours tous propres à donner des idées que je serais au désespoir qu'on eût ?

DUBOIS

Ma foi, Madame, j'ai cru la chose sans conséquence, et je n'ai agi, d'ailleurs, que par un mouvement de respect et de zèle.

ARAMINTE, *d'un air vif.*

Eh ! laisse là ton zèle, ce n'est pas là celui que je veux, ni celui qu'il me faut ; c'est de ton silence dont j'ai besoin pour me tirer de l'embarras où je suis, et où tu m'as jetée toi-même ; car, sans toi, je ne saurais pas que cet homme-là m'aime, et je n'aurais que faire d'y regarder de si près.

DUBOIS

J'ai bien senti que j'avais tort.

ARAMINTE

Passe encore pour la dispute ; mais pourquoi s'écrier : « Si je disais un mot » ? Y a-t-il rien de plus mal à toi ?

DUBOIS

C'est encore une suite de ce zèle mal entendu.

ARAMINTE

Eh bien ! Tais-toi donc, tais-toi. Je voudrais pouvoir te faire oublier ce que tu m'as dit.

Oh, je suis bien
corrigé.

ARAMINT
E

C'est ton étourderie qui me force actuellement de te parler, sous
prétexte de t'interroger sur ce que tu sais de lui. Ma mère et
Monsieur le Comte s'attendent que tu vas m'en apprendre des
choses étonnantes ; quel rapport leur ferai-je à présent?

DUBOIS

Ah! il n'y a rien de plus facile à raccommoder, ce rapport sera que des
gens qui le connaissent m'ont dit que c'était un homme incapable de
l'emploi qu'il a chez vous ; quoiqu'il soit fort habile, au moins, ce
n'est pas cela qui lui manque.

ARAMINTE

À la bonne heure. Mais il y aura un inconvénient, s'il en est capable
; on medira de le renvoyer, et il n'est pas encore temps : j'y ai pensé
depuis ; la prudence ne le veut pas, et je suis obligée de prendre des
biais, et d'aller tout doucement avec cette passion si excessive que tu
dis qu'il a, et qui éclaterait, peut-être, dans sa douleur. Me fierais-je à
un désespéré ? Ce n'est plus le besoin que j'ai de lui qui me retient,
c'est moi que je ménage. *(Elle radoucit le ton.)* À moins que ce qu'a
dit Marton ne soit vrai, auquel cas je n'aurais plus rien à craindre.
Elle prétend qu'il l'avait déjà vue chez Monsieur Remy, et que le
procureur a dit, même devant lui, qu'il l'aimait depuis longtemps, et
qu'il fallait qu'ils se mariassent ; je le voudrais.

DUBOIS

Bagatelle, Dorante n'a vu Marton ni de près ni de loin ; c'est le
procureur qui a débité cette fable-là à Marton, dans le dessein de les
marier ensemble : et moi, je n'ai pas osé l'en dédire, m'a dit Dorante,
parce que j'aurais indisposé contre moi cette fille, qui a du crédit
auprès de sa maîtresse, et qui a cru ensuite que c'était pour elle que
je refusais les quinze mille livres de rente qu'on m'offrait.

ARAMINTE,
négligemment.

Il t'a donc tout conté
?

DUBOIS

Oui, il n'y a qu'un moment, dans le jardin où il a voulu presque se jeter à mes genoux, pour me conjurer de lui garder le secret sur sa passion, et d'oublier l'emportement qu'il eut avec moi quand je le quittai. Je lui ai dit que je me tairais ; mais que je ne prétendais pas rester dans la maison avec lui, et qu'il fallait qu'il sortît ce qui l'a jeté dans des gémissements, dans des pleurs, dans le plus triste état du monde.

ARAMINTE

Eh ! Tant pis. Ne le tourmente point. Tu vois bien que j'ai raison de dire qu'il faut aller doucement avec cet esprit-là, tu le vois bien. J'augurais beaucoup de ce mariage avec Marton ; je croyais qu'il m'oublierait, et point du tout il n'est question de rien.

DUBOIS, *comme s'en allant.*

Pure fable ! Madame a-t-elle encore quelque chose à me dire ?

ARAMINTE

Attends. Comment faire ? Si lorsqu'il me parle il me mettait en droit de me plaindre de lui, mais il ne lui échappe rien ; je ne sais de son amour que ce que tu m'en dis ; et je ne suis pas assez fondée pour le renvoyer. Il est vrai qu'il me fâcherait s'il parlait ; mais il serait à propos qu'il me fâchât.

DUBOIS

Vraiment oui. Monsieur Dorante n'est point digne de Madame. S'il était dans une plus grande fortune, comme il n'y a rien à dire à ce qu'il est né, ce serait une autre affaire : mais il n'est riche qu'en mérite, et ce n'est pas assez.

ARAMINTE, *d'un ton comme triste.*

Vraiment non ; voilà les usages. Je ne sais pas comment je le traiterai je n'en sais rien : je verrai.

DUBOIS

Eh bien ! Madame a un si beau prétexte… Ce portrait que Marton a cru être le sien à ce qu'elle m'a dit…

ARAMINTE

Eh ! non, je ne saurais l'en accuser ; c'est le Comte qui l'a fait faire.

DUBOIS

Point du tout, c'est de Dorante, je le sais de lui-même ; et il y travaillait encore il n'y a que deux mois, lorsque je le quittai.

ARAMINTE

Va-t'en, il y a longtemps que je te parle. Si on me demande ce que tu m'as appris de lui, je dirai ce dont nous sommes convenus. Le voici, j'ai envie de lui tendre un piège.

DUBOIS

Oui, Madame. Il se déclarera, peut-être, et tout de suite je lui
dirais :
« Sortez ».

ARAMINTE

Laisse-nous.

Scène XIII

Dorante, Araminte, Dubois.

DUBOIS, *sortant, et en*
passant auprès de Dorante, et
rapidement.

Il m'est impossible de l'instruire ; mais qu'il se découvre ou non, les choses ne peuvent aller que bien.

DORANTE

Je viens, Madame, vous demander votre protection. Je suis dans le chagrin et dans l'inquiétude. J'ai tout quitté pour avoir l'honneur d'être à vous, je vous suis plus attaché que je ne puis le dire ; on ne saurait vous servir avec plus de fidélité ni de désintéressement ; et cependant je ne suis pas sûr de rester. Tout le monde ici m'en veut, me persécute et conspire pour me faire sortir. J'en suis consterné, je tremble que vous ne cédiez à leur inimitié pour moi, et j'en serais dans la dernière affliction.

ARAMINTE, *d'un ton doux.*

Tranquillisez-vous ; vous ne dépendez point de ceux qui vous en veulent ; ils ne vous ont encore fait aucun tort dans mon esprit, et tous leurs petits complots n'aboutiront à rien ; je suis la maîtresse.

DORANTE, *d'un air bien inquiet.*

Je n'ai que votre appui, Madame.

ARAMINTE

Il ne vous manquera pas. Mais je vous conseille une chose : ne leur paraissez pas si alarmé, vous leur feriez douter de votre capacité, et il leur semblerait que vous m'auriez beaucoup d'obligation de ce que je vous garde.

DORANTE

Ils ne se tromperaient pas, Madame ; c'est une bonté qui me pénètre de reconnaissance.

ARAMINTE

À la bonne heure, mais il n'est pas nécessaire qu'ils le croient. Je vous sais bon gré de votre attachement et de votre fidélité ; mais

86

dissimulez-en une partie, c'est peut-être ce qui les indispose contre vous. Vous leur avez refusé de m'en faire accroire sur le chapitre du procès, conformez-vous à ce qu'ils exigent, regagnez-les par là ; je vous le permets. L'évènement leur persuadera que vous les avez bien servis ; car, toute réflexion faite, je suis déterminée à épouser le Comte.

DORANTE, d'un ton ému.

Déterminée, Madame !

ARAMINTE

Oui, tout à fait résolue. Le Comte croira que vous y avez contribué, je le lui dirai même, et je vous garantis que vous resterez ici ; je vous le promets. *(À part.)* Il change de couleur.

DORANTE

Quelle différence pour moi, Madame !

ARAMINTE, d'un air délibéré.

Il n'y en aura aucune, ne vous embarrassez pas, et écrivez le billet que je vais vous dicter ; il y a tout ce qu'il faut sur cette table.

DORANTE

Eh ! pour qui, Madame ?

ARAMINTE

Pour le Comte, qui est sorti d'ici extrêmement inquiet, et que je vais surprendre bien agréablement, par le petit mot que vous allez lui écrire en mon nom. *(Dorante reste rêveur, et par distraction ne va point à la table.)* Eh bien, vous n'allez pas à la table ? À quoi rêvez-vous ?

DORANTE, toujours distrait.

Oui, Madame.

ARAMINTE, à part, pendant qu'il se place.

Il ne sait ce qu'il fait. Voyons si cela continuera.

DORANTE cherche du papier.

Ah ! Dubois m'a trompé !

ARAMINTE

Êtes-vous prêt à écrire ?   *poursuit.*

DORANTE

Madame, je ne trouve point de papier.

ARAMINTE *allant elle-même.*

Vous n'en trouvez point ! En voilà devant vous.

DORANTE

Il est vrai.

ARAMINTE

Écrivez. « Hâtez-vous de venir, Monsieur ; votre mariage est sûr… »
Avez- vous écrit ?…

DORANTE

Comment, Madame
?

ARAMINTE

Vous ne m'écoutez donc pas ? « Votre mariage est sûr ; Madame veut
que je vous l'écrive, et vous attend pour vous le dire. » *(À part.)* Il
souffre, mais il ne dit mot. Est-ce qu'il ne parlera pas ? « N'attribuez
point cette résolution à la crainte que Madame pourrait avoir des
suites d'un procès douteux. »

DORANTE

Je vous ai assuré que vous le gagneriez, Madame. Douteux ! Il ne l'est
point.

ARAMINTE

N'importe, achevez. « Non, Monsieur, je suis chargé de sa part de
vous assurer que la seule justice qu'elle rend à votre mérite la
détermine. »

DORANTE, *à part.*

Ciel ! Je suis perdu. Mais, Madame, vous n'aviez aucune inclination
pour lui.

ARAMINTE

Achevez, vous dis-je… « Qu'elle rend à votre mérite la détermine…
» Je crois que la main vous tremble ! Vous paraissez changé. Qu'est-ce
que cela signifie ? Vous trouvez-vous mal ?

DORANTE

Je ne me trouve pas bien, Madame.

ARAMINTE

Quoi ! Si subitement ! Cela est singulier. Pliez la lettre, et mettez :
« À Monsieur le comte de Dorimont. » Vousdirez à Dubois qu'il la
luiporte.

(À part.) Le cœur me bat ! *(À Dorante.)* Voilà qui est écrit tout de travers ! Cette adresse-là n'est presque pas lisible. *(À part.)* Il n'y a pas encore là de quoi le convaincre.

DORANTE, *à part.*

Ne serait-ce point aussipourm'éprouver ? Duboisnem'a avertide rien.

Scène XIV

Araminte, Dorante, Marton.

MARTON

Je suis bien aise, Madame, de trouver Monsieur ici ; il vous confirmera tout de suite ce que j'ai à vous dire. Vous avez offert, en différentes occasions, de me marier, Madame ; et jusqu'ici je ne me suis point trouvée disposée à profiter de vos bontés. Aujourd'hui Monsieur me recherche ; il vient même de refuser un parti infiniment plus riche, et le tout pour moi ; du moins me l'a-t-il laissé croire, et il est à propos qu'il s'explique mais, comme je ne veux dépendre que de vous, c'est de vous aussi, Madame, qu'il faut qu'il m'obtienne ; ainsi, Monsieur, vous n'avez qu'à parler à Madame. Si elle m'accorde à vous, vous n'aurez point de peine à m'obtenir de moi-même.

Scène XV

Dorante, Araminte.

ARAMINTE, *à part, émue.*

Cette folle ! *(Haut.)* Je suis charmée de ce qu'elle vient de
m'apprendre. Vous avez fait là un très bon choix c'est une fille
aimable et d'un excellent caractère.

DORANTE, *d'un air abattu.*

Hélas ! Madame, je ne songe point à elle.

ARAMINTE

Vous ne songez point à elle ! Elle dit que vous l'aimez, que vous l'aviez
vue avant que de venir ici.

DORANTE, *tristement.*

C'est une erreur où Monsieur Remy l'a jetée sans me consulter et je
n'ai point osé dire le contraire, dans la crainte de m'en faire une
ennemie auprès de vous. Il en est de même de ce riche parti qu'elle
croit que je refuse à cause d'elle et je n'ai nulle part à tout cela. Je suis
hors d'état de donner mon cœur à personne ; je l'ai perdu pour jamais ;
et la plus brillante de toutes les fortunes ne me tenterait pas.

ARAMINTE

Vous avez tort. Il fallait désabuser Marton.

DORANTE

Elle vous aurait, peut-être, empêchée de me recevoir ; et mon
indifférence lui en dit assez.

ARAMINTE

Mais dans la situation où vous êtes, quel intérêt aviez-vous d'entrer
dans ma maison, et de la préférer à une autre ?

DORANTE

Je trouve plus de douceur à être chez vous, Madame.

ARAMINTE

Il y a quelque chose d'incompréhensible en tout ceci ! Voyez-vous
souvent la personne que vous aimez ?

DORANTE, *toujours abattu.*

Pas souvent à mon gré, Madame et je la verrais à tout instant, que je ne croirais pas la voirassez.

ARAMINTE, *à part.*

Il a des expressionsd'une tendresse ! *(Haut.)* Est-elle fille ? A-t-elle été mariée ?

DORANTE

Madame, elle est veuve.

ARAMINTE

Et ne devez-vous pas l'épouser ? Elle vous aime, sans doute ?

DORANTE

Hélas ! Madame, elle ne sait pas seulement que je l'adore. Excusez l'emportement du terme dont je me sers, je ne saurais presque parler d'elle qu'avec transport !

ARAMINTE

Je ne vousinterroge que par étonnement. Elle ignore que vous l'aimez, dites- vous ? Et vous lui sacrifiez votre fortune ? Voilàde l'incroyable. Comment, avec tant d'amour, avez-vous pu vous taire ? On essaie de se faire aimer, ce me semble ; cela est naturel et pardonnable.

DORANTE

Me préserve le ciel d'oser concevoir la plus légère espérance ! Être aimé, moi ! Non, Madame, son état est bien au-dessus du mien ; mon respect me condamne au silence ; et je mourrai du moins sans avoir eu le malheur de lui déplaire.

ARAMINTE

Je n'imagine point de femme qui mérite d'inspirer une passion si étonnante ; je n'en imagine point. Elle est donc au-dessus de toute comparaison ?

DORANTE

Dispensez-moi de la louer, Madame : je m'égarerais en la peignant. On ne connaît rien de si beau ni de si aimable qu'elle ; et jamais elle ne me parle, ou ne me regarde, que mon amour n'en augmente.

ARAMINTE *baisse les yeux et continue.*

Mais votre conduite blesse la raison. Que prétendez-vous avec cet amour pourune personne qui ne saura jamais que vous l'aimez cela est bien bizarre. Que prétendez-vous ?

DORANTE

Le plaisir de la voir quelquefois, et d'être avec elle, est tout ce que je me propose.

ARAMINTE

Avec elle ! Oubliez-vous que vous êtes ici ?

DORANTE

Je veux dire avec son portrait, quand je ne la vois point.

ARAMINTE

Son portrait ! Est-ce que vous l'avez fait faire ?

DORANTE

Non, Madame ; mais j'ai, par amusement, appris à peindre ; et je l'ai peinte moi-même. Je me serais privé de son portrait, si je n'avais pu l'avoir que par le secours d'un autre.

ARAMINTE, *à part.*

Il faut le pousser à bout. *(Haut.)* Montrez-moi ce portrait.

DORANTE

Daignez m'en dispenser, Madame ; quoique mon amour soit sans espérance, je n'en dois pas moins un secret inviolable à l'objet aimé.

ARAMINTE

Il m'en est tombé un par hasard entre les mains ; on l'a trouvé ici. *(Montrant la boîte.)* Voyez si ce ne serait point celui dont il s'agit.

DORANTE

Cela ne se peut pas.

ARAMINTE, *ouvrant la boîte.*

Il est vrai que la chose serait assez extraordinaire. Examinez.

DORANTE

Ah ! Madame, songez que j'aurais perdu mille fois la vie, avant que d'avouer ce que le hasard vous découvre. Comment pourrai-je expier ?…
(Il se jette à ses genoux.)

ARAMINTE

Dorante, je ne me fâcherai point. Votre égarement me fait pitié ;

revenez- en, je vous lepardonne.

MARTON *paraît et s'enfuit.*

Ah !

(Dorante se lève vite.)

ARAMINTE

Ah ciel ! C'est Marton ! Elle vous a vu.

DORANTE, *feignant d'être déconcerté.*

Non, Madame, non ; je ne crois pas ; elle n'est point entrée.

ARAMINTE

Elle vous a vu, vous dis-je ; laissez-moi, allez-vous-en : vous m'êtes insupportable. Rendez-moi ma lettre. *(Quand il est parti.)* Voilàpourtantce que c'est, que de l'avoir gardé !

Scène XVI

Araminte, Dubois.

DUBOIS

Dorante s'est-il déclaré, Madame? Etest-il nécessairequejeluiparle ?

ARAMINTE

Non, ilnem'ariendit. Jen'airienvud'approchantàcequetum'as conté ; et qu'il n'en soit plus question ; ne t'en mêle plus.
(Elle sort.)

DUBOIS

Voici l'affaire dans sa crise !

Scène XVII

Dubois, Dorante.

DORANT

Ah !

E

Dubois.

DUBOIS

Retirez-

DORANTE

vous.

Je ne sais qu'augurer de la conversation que le viens d'avoir avec elle.

DUBOIS

À quoi songez-vous? Elle n'est qu'à deux pas. Voulez-vous tout perdre?

DORANTE

Il faut que tu

DUBOIS

m'éclaircisses… Allez

DORANT

dans le jardin.

E

D'un doute…

DUBOIS

Dans le jardin, vous dis-je je vais m'y rendre.

DORANTE

Mais…

Je ne vous écoute plus. Je crains plus

que jamais.

DUBOIS

DORANT

E

Acte III

Scène première

Dorante, Dubois.

DUBOIS

Non, vous dis-je ; ne perdons point de temps : la lettre est-elle prête ?

DORANTE, *la lui montrant.*

Oui, la voilà, et j'ai mis dessus rue du Figuier.

DUBOIS

Vous êtes bien assuré qu'Arlequin ne connaît pas ce quartier-là ?

DORANTE

Il m'a dit que non.

DUBOIS

Lui avez-vous bien recommandé de s'adresser à Marton ou à moi pour savoir ce que c'est ?

DORANTE

Sansdoute, et je lui recommanderaiencore.

DUBOIS

Allez donc la lui donner : je me charge du reste auprès de Marton que je vais trouver.

DORANTE

Je t'avoue que j'hésite un peu. N'allons-nous pas trop vite avec Araminte ? Dans l'agitation des mouvements où elle est, veux-tu encore lui donner l'embarras de voir subitement éclater l'aventure ?

DUBOIS

Oh ! Oui : point de quartier, il faut l'achever pendant qu'elle est étourdie. Elle ne sait plus ce qu'elle fait. Ne voyez-vous pas bien qu'elle triche avec moi, qu'elle me fait accroire que vous ne lui avez rien dit ? Ah ! je lui apprendrai à vouloir me souffler mon emploi de confident pour vous aimer en fraude.

DORANTE

Que j'ai souffert dans ce dernier entretien ! Puisque tu savais qu'elle voulait me faire déclarer, que ne m'en avertissais-tu par quelques signes ?

DUBOIS

Cela aurait été joli, ma foi ! Elle ne s'en serait point aperçue, n'est-ce pas ? Et d'ailleurs, votre douleur n'en a paru que plus vraie. Vous repentez-vous de l'effet qu'elle a produit ? Monsieur a souffert ! Parbleu ! Il me semble que cette aventure-ci mérite un peu d'inquiétude.

DORANTE

Sais-tu bien ce qui arrivera ? Qu'elle prendra son parti, et qu'elle me renverra tout d'un coup.

DUBOIS

Je lui en défie, il est trop tard l'heure du courage est passée, il faut qu'elle nous épouse.

DORANTE

Prends-y garde ; tu vois que sa mère la fatigue.

DUBOIS

Je serais bien fâché qu'elle la laissât en repos.

DORANTE

Elle est confuse de ce que Marton m'a surpris à ses genoux.

DUBOIS

Ah ! vraiment, des confusions ! Elle n'y est pas, elle va en essuyer bien d'autres ! C'est moi qui, voyant le train que prenait la conversation, ai fait venir Marton une seconde fois.

DORANTE

Araminte pourtant m'a dit que je lui étais insupportable.

DUBOIS

Elle a raison. Voulez-vous qu'elle soit de bonne humeur avec un homme qu'il faut qu'elle aime en dépit d'elle ? Cela est-il agréable ? Vous vous emparez de son bien, de son cœur et cette femme ne criera pas ! Allez vite, plus de raisonnements, laissez-vous conduire.

DORANTE

Songe que je l'aime, et que, si notre précipitation réussit mal, tu me désespères.

DUBOIS

Ah ! oui, je sais bien que vous l'aimez ; c'est à cause de cela que je ne vous écoute pas. Êtes-vous en état de juger de rien ? Allons, allons, vous vous moquez. Laissez faire un homme de sang-froid. Partez, d'autant plus que voici Marton qui vient à propos, et que je vais tâcher d'amuser, en attendant que vous envoyiez Arlequin.

(Dorante sort.)

Scène II

Dubois, Marton.

MARTON, *d'un air triste.*

Je te cherchais.

DUBOIS

Qu'y a-t-il pour votre service, Mademoiselle ?

MARTON

Tu me l'avais bien dit, Dubois.

DUBOIS

Quoi donc ? Je ne me souviens plus de ce que c'est.

MARTON

Que cet intendant osait lever les yeux sur Madame.

DUBOIS

Ah ! Oui : vous parlez de ce regard que je lui vis jeter sur elle. Oh ! jamais je ne l'ai oublié. Cette œillade-là ne valait rien, il y avait quelquechosededans qui n'était pas dans l'ordre.

MARTON

Oh çà, Dubois, il s'agit de faire sortir cet homme-ci.

DUBOIS

Pardi ! Tant qu'on voudra ; je ne m'y épargne pas. J'ai déjà dit à Madame qu'on m'avait assuré qu'il n'entendait pas les affaires.

MARTON

Mais est-ce là tout ce que tu sais de lui ? C'est de la part de Madame Argante et de Monsieur le Comte que je te parle, et nous avons peur que tu n'aies pas tout dit à Madame, ou qu'elle ne cache ce que c'est. Nenousdéguise rien, tu n'en seras pas fâché.

DUBOIS

Ma foi, je ne sais que son insuffisance, dont j'ai instruit Madame.

MARTON

Ne dissimule
point.

DUBOIS

Moi ! Un dissimulé ! Moi ! Garder un secret ! Vous avez bien trouvé
votre homme. En fait de discrétion, je mériterais d'être femme. Je
vous demande pardon de la comparaison ; mais c'est pour vous
mettre l'esprit en repos.

MARTON

Il est certain qu'il aime Madame.

DUBOIS

Il n'en faut point douter je lui en ai même dit ma pensée à elle.

MARTON

Et qu'a-t-elle répondu ?

DUBOIS

Que j'étais un sot. Elle est si prévenue.

MARTON

Prévenue à un point que je n'oserais le dire, Dubois.

DUBOIS

Oh ! le diable n'y perd rien, ni moi non plus ; car je vous entends.

MARTON

Tu as la mine d'en savoir plus que moi là-dessus.

DUBOIS

Oh ! point du tout, je vous jure. Mais, à propos, il vient tout à
l'heure d'appeler Arlequin pour lui donner une lettre ; si nous
pouvions la saisir, peut-être en saurions-nous davantage.

MARTON

Une lettre, oui-da ; ne négligeons rien. Je vais, de ce pas, parler à
Arlequin, s'il n'est pas encore parti.

DUBOIS

Vous n'irez pas loin ; je crois qu'il vient.

Scène III

Marton, Dubois, Arlequin.

ARLEQUIN, *voyant Dubois.*

Ah ! te voilà donc, mal bâti.

DUBOIS

Tenez : n'est-ce pas là une belle figure pour se moquer de la mienne ?

MARTON

Que veux-tu, Arlequin ?

ARLEQUIN

Ne sauriez-vous pas où demeure la rue du Figuier, Mademoiselle ?

MARTON

Oui.

ARLEQUIN

C'est que mon camarade, que je sers, m'a dit de porter cette lettre à quelqu'un qui est dans cette rue, et comme je ne la sais pas, il m'a dit que je m'en informasse à vous ou à cet animal-là ; mais cet animal-là ne mérite pas que je lui en parle, sinon pour l'injurier. J'aimerais mieux que le diable eût emporté toutes les rues, que d'en savoir une par le moyen d'un malotru comme lui.

DUBOIS, *à Marton, à part.*

Prenez la lettre. *(Haut.)* Non, non, Mademoiselle, ne lui enseignez rien ; qu'il galope.

ARLEQUIN

Veux-tute taire ?

MARTON,
négligemment.

Ne l'interrompez donc point, Dubois. Eh bien ! Veux-tu me donner ta lettre ? Je vais envoyer dans ce quartier-là, et on la rendra à son adresse.

ARLEQUIN

Ah ! Voilà qui est bien agréable ! Vous êtes une fille de bonne amitié, Mademoiselle.

DUBOIS, *s'en allant.*

Vous êtes bien bonne d'épargner de la peine à ce fainéant-là !

ARLEQUIN

Ce malhonnête ! Va, va trouver le tableau pour voir comme il se moque de toi.

MARTON, *seule avec Arlequin.*

Ne lui réponds rien : donne ta lettre.

ARLEQUIN

Tenez, Mademoiselle ; vous me rendez un service qui me fait grand bien. Quand il y aura à trotter pour votre serviable personne, n'ayez point d'autre postillon que moi.

MARTON

Elle sera rendue
exactement.

ARLEQUIN

Oui, je vous recommande l'exactitude à cause de Monsieur Dorante qui mérite toutes sortes de fidélités.

MARTON, *à part.*

L'indigne !

ARLEQUIN, *s'en allant.*

Je suis votre serviteur
éternel.

MARTON

Adieu.

ARLEQUIN, *revenant.*

Si vous le rencontrez, ne lui dites point qu'un autre galope à ma place.

Scène IV

Madame Argante, le Comte, Marton.

MARTON, *un moment seule.*

Ne disons mot que je n'aie vu ce que ceci
contient.

MADAME ARGANTE

Eh bien, Marton, qu'avez-vous appris de Dubois?

MARTON

Rien que ce que vous saviez déjà, Madame, et ce n'est pas assez.

MADAME ARGANTE

Dubois est un coquin qui nous trompe.

LE COMTE

Il est vrai que sa menace paraissait signifier quelque chose de
plus.

MADAME ARGANTE

Quoi qu'il en soit, j'attends Monsieur Remy, que j'ai envoyé
chercher ; et s'il ne nous défait pas de cet homme-là, ma fille saura
qu'il ose l'aimer ; je l'ai résolu ; nous en avons les présomptions les
plus fortes ; et ne fût-ce que par bienséance, il faudra bien qu'elle le
chasse. D'un autre côté, j'ai fait venir l'intendant que Monsieur le
Comte lui proposait. Il est ici, et je le lui présenterai sur-le-champ.

MARTON

Je doute que vous réussissiez si nous n'apprenons rien de nouveau :
mais je tiens peut-être son congé, moi qui vous parle... Voici
Monsieur Remy ; je n'ai pas le temps de vous en dire davantage et
je vais m'éclaircir.

(Elle veut sortir.)

Scène V

Monsieur Remy, Madame Argante, le Comte, Marton.

MONSIEUR REMY, *à Marton qui se retire.*

Bonjour, ma nièce, puisque enfin il faut que vous la soyez. Savez-vous ce qu'on me veut ici ?

MARTON, *brusquement.*

Passez, Monsieur, et cherchez votre nièce ailleurs, je n'aime point les mauvais plaisants.
   (Elle sort.)

MONSIEUR REMY

Voilàunepetitefillebienincivile. *(À Madame Argante.)* Onm'aditde votre part de venir ici, Madame, de quoi est-il donc question ?

MADAME ARGANTE, *d'un ton revêche.*

Ah ! c'est donc vous, Monsieur le Procureur ?

MONSIEUR REMY

Oui, Madame, je vous garantis que c'est moi-même.

MADAME ARGANTE

Et de quoi vous êtes-vous avisé, je vous prie, de nous embarrasser d'un intendant de votre façon ?

MONSIEUR REMY

Et par quel hasard Madame y trouve-t-elle à redire ?

MADAME ARGANTE

C'est que nous nous serions bien passés du présent que vous nous avez fait.

MONSIEUR REMY

Ma foi, Madame, s'il n'est pas à votre goût, vous êtes bien difficile.

MADAME ARGANTE

C'est votre neveu, dit-on ?

MONSIEUR REMY

Oui, Madame.

MADAME ARGANTE

Eh bien, tout votre neveu qu'il est, vous nous ferez un grand plaisir de le retirer.

MONSIEUR REMY

Ce n'est pas à vous que je l'ai donné.

MADAME ARGANTE

Non mais c'est à nous qu'il déplaît, à moi et à Monsieur le Comte que voilà, et qui doit épouser ma fille.

MONSIEUR REMY, *élevant la voix.*

Celui-ci est nouveau ! Mais, Madame, dès qu'il n'est pas à vous, il me semble qu'il n'est pas essentiel qu'il vous plaise. On n'a pas mis dans le marché qu'il vous plairait, personne n'a songé à cela ; et, pourvu qu'il convienne à Madame Araminte, tout doit être content tant pis pour qui ne l'est pas. Qu'est-ce que cela signifie ?

MADAME ARGANTE

Mais, vous avez le ton bien rogue, Monsieur Remy.

MONSIEUR REMY

Ma foi, vos compliments ne sont pas propres à l'adoucir, Madame Argante.

LE COMTE

Doucement, Monsieur le Procureur, doucement ; il me paraît que vous avez tort.

MONSIEUR REMY

Comme vous voudrez, Monsieur le Comte, comme vous voudrez ; mais cela ne vous regarde pas : vous savez bien que je n'ai pas l'honneur de vous connaître et nous n'avons que faire ensemble, pas la moindre chose.

LE COMTE

Que vous me connaissiez ou non, il n'est pas si peu essentiel que vous le dites que votre neveu plaise à Madame ; elle n'est pas une étrangère dans la maison.

MONSIEUR REMY

Parfaitement étrangère pour cette affaire-ci, Monsieur ; on ne peut pas plus étrangère : au surplus, Dorante est un homme d'honneur, connu pour tel, dont j'ai répondu, dont je répondrai toujours, et dont Madame parle ici d'une manière choquante.

MADAME ARGANTE

Votre Dorante est un impertinent.

MONSIEUR REMY

Bagatelle ! Ce mot-là ne signifie rien dans votre bouche.

MADAME ARGANTE

Dans ma bouche ! À qui parle donc ce petit praticien, Monsieur le Comte ? Est-ce que vous ne lui imposerez pas silence ?

MONSIEUR REMY

Comment donc ! M'imposer silence ! À moi, Procureur ! Savez-vous bien qu'il y a cinquante ans que je parle, Madame Argante ?

MADAME ARGANTE

Il y a donc cinquante ans que vous ne savez ce que vous dites.

Scène VI

Araminte, Madame Argante, Monsieur Remy, le Comte.

ARAMINTE

Qu'y a-t-il donc ? On dirait que vous vous querellez.

MONSIEUR REMY

Nous ne sommes pas fort en paix, et vous venez très à propos, Madame : il s'agit de Dorante ; avez-vous sujet de vous plaindre de lui ?

ARAMINTE

Non, que je sache.

MONSIEUR REMY

Vous êtes-vous aperçue qu'il ait manqué de probité ?

ARAMINTE

Lui ? Non vraiment ; je ne le connais que pour un homme très estimable.

MONSIEUR REMY

Au discours que Madame en tient, ce doit pourtant être un fripon, dont il faut que je vous délivre, et on se passerait bien du présent que je vous ai fait, et c'est un impertinent qui déplaît à Madame, qui déplaît à Monsieur qui parle en qualité d'époux futur ; et à cause que je le défends, on veut me persuader que je radote.

ARAMINTE, *froidement.*

On se jette là dans de grands excès, je n'y ai point de part, Monsieur ; je suis bien éloignée de vous traiter si mal : à l'égard de Dorante, la meilleure justification qu'il y ait pour lui, c'est que je le garde. Mais je venais pour savoir une chose, Monsieur le Comte ; il y a là-bas, m'a-t-on dit, un homme d'affaires que vous avez amené pour moi, on se trompe apparemment.

LE COMTE

Madame, il est vrai qu'il est venu avec moi, mais c'est Madame Argante…

MADAME ARGANTE

Attendez, je vais répondre : oui, ma fille, c'est moi qui ai prié
Monsieur de le faire venir pour remplacer celui que vous avez et que
vous allez mettre

dehors; jesuissûredemonfait. J'ai laissédirevotreprocureur, au reste; mais il amplifie.

MONSIEUR REMY

Courage
!

MADAME ARGANTE,
vivement.

Paix; vousavezassezparlé. *(ÀAraminte.)* Jen'aipointditqueson neveufût unfripon; il ne serait pas impossible qu'il le fût; je n'en serais pas étonnée.

MONSIEUR REMY

Mauvaise parenthèse, avec votre permission, supposition injurieuse, et tout à fait hors d'œuvre.

MADAME ARGANTE

Honnête homme, soit, du moins n'a-t-on pas encore de preuves du contraire, et je veux croire qu'il l'est. Pour un impertinent et très impertinent, j'ai dit qu'il en était un, et j'ai raison : vous dites que vouslegarderez; vousn'en ferez rien.

ARAMINTE, *froidement.*

Il restera, je vous assure.

MADAME ARGANTE

Pointdutout; vousnesauriez. Seriez-vousd'humeurà garderun intendant qui vous aime ?

MONSIEUR REMY

Eh ! À qui voulez-vous donc qu'il s'attache ? À vous, à qui il n'a pas affaire?

ARAMINTE

Mais en effet, pourquoi faut-il que mon intendant me haïsse ?

MADAME ARGANTE

Eh ! non, point d'équivoque : quand je vous dis qu'il vous aime, j'entends qu'il est amoureux de vous, en bon français, qu'il est ce qu'on appelle amoureux ; qu'il soupire pour vous, que vous êtes l'objet secret de sa tendresse.

MONSIEUR REMY, *étonné.*

Dorante ?

ARAMINTE, *riant.*

L'objet secret de sa tendresse ! Oh oui, très secret, je pense : ah ! Ah ! je ne me croyais pas si dangereuse à voir. Mais dès que vous devinez de pareils secrets, que ne devinez-vous que tous mes gens sont comme lui ? Peut-être qu'ils m'aiment aussi : que sait-on ? Monsieur Remy, vous qui me voyez assez souvent, j'ai envie de deviner que vous m'aimez aussi.

MONSIEUR REMY

Ma foi, Madame, à l'âge de mon neveu, je ne m'en tirais pas mieux qu'on dit qu'il s'en tire.

MADAME ARGANTE

Ceci n'est pas matière à plaisanterie, ma fille ; il n'est pas question de votre Monsieur Remy ; laissons là ce bonhomme, et traitons la chose un peu plus sérieusement. Vos gens ne vous font pas peindre, vos gens ne se mettent point à contempler vos portraits, vos gens n'ont point l'air galant, la mine doucereuse.

MONSIEUR REMY, *à Araminte.*

J'ai laissé passer le bonhomme à cause de vous, au moins ; mais le bonhomme est quelquefois brutal.

ARAMINTE

En vérité, ma mère, vous seriez la première à vous moquer de moi, si ce que vous dites me faisait la moindre impression ; ce serait une enfance à moi que de le renvoyer sur un pareil soupçon. Est-ce qu'on ne peut me voir sans m'aimer ? Je n'y saurais que faire, il faut bien m'y accoutumer et prendre mon parti là-dessus. Vous lui trouvez l'air galant, dites-vous ? Je n'y avais pas pris garde, et je ne lui en ferai point un reproche ; il y aurait de la bizarrerie à se fâcher de ce qu'il est bien fait. Je suis d'ailleurs comme tout le monde, j'aime assez les gens de bonne mine.

Scène VII

Araminte, Madame Argante,
Monsieur Remy, le Comte, Dorante.

DORANTE

Je vous demande pardon, Madame, si je vous interromps j'ai lieu de présumer que mes services ne vous sont plus agréables ; et dans la conjoncture présente, il est naturel que je sache mon sort.

MADAME ARGANTE, *ironiquement.*

Son sort ! Le sort d'un intendant : que cela est beau !

MONSIEUR REMY

Et pourquoi n'aurait-il pas un sort ?

ARAMINTE, *d'un air vif à sa mère.*

Voilà des emportements qui m'appartiennent. *(À Dorante.)* Quelle est cette conjoncture, Monsieur, et le motif de votre inquiétude ?

DORANTE

Vous le savez, Madame ; il y a quelqu'un ici que vous avez envoyé chercher pour occuper ma place.

ARAMINTE

Ce quelqu'un-là est fort malconseillé. Désabusez-vous ; ce n'est point moi qui l'ai fait venir.

DORANTE

Tout a contribué à me tromper, d'autant plus que Mademoiselle Marton vient de m'assurer que dans une heure je ne serais plus ici.

ARAMINTE

Marton vous a tenu un fort sot discours.

MADAME ARGANTE

Le terme est encore trop long ; il devrait en sortir tout à l'heure.

MONSIEUR REMY, *comme à part.*

Voyons par où cela finira.

ARAMINTE

Allez, Dorante, tenez-vous en repos ; fussiez-vous l'homme du monde qui me convint le moins, vous resteriez. Dans cette occasion-ci, c'est à moi- même que je dois ; cela je me sens offensée du procédé qu'on a avec moi, et je vais faire dire à cet homme d'affaires qu'il se retire : que ceux qui l'ont amené sans me consulter le remmènent, et qu'il n'en soit plus parlé.

Scène VIII

Araminte, Madame Argante, Monsieur
Remy, le Comte, Dorante, Marton.

MARTON, *froidement.*

Ne vous pressez pas de le renvoyer, Madame ; voilà une lettre
de recommandation pour lui, et c'est Monsieur Dorante qui l'a
écrite.

ARAMINTE

Comment ?

MARTON, *donnant la lettre au Comte.*

Un instant, Madame ; cela mérite d'être écouté : la lettre est de
Monsieur, vous dis-je.

LE COMTE *lit haut.*

« Je vous conjure, mon cher ami, d'être demain sur les neuf heures du
matin chez vous ; j'ai bien des choses à vous dire. Je crois que je vais
sortir de chez la dame que vous savez. Elle ne peut plus ignorer la
malheureuse passion que j'ai prise pour elle, et dont je ne guérirai
jamais. »

MADAME ARGANTE

De la passion ! Entendez-vous, ma fille ?

LE COMTE *lit.*

« Un misérable ouvrier que je n'attendais pas est venu ici pour
m'apporter la boîte de ce portrait que j'ai fait d'elle. »

MADAME ARGANTE

C'est-à-dire que le personnage sait peindre.

LE COMTE *lit.*

« J'étais absent, il l'a laissée à une fille de la maison. »

MADAME ARGANTE, *à Marton.*

Fille de la maison ? Cela vous regarde.

LE COMTE *lit.*

« On a soupçonné que ce portrait m'appartenait ; ainsi, je pense
qu'on va tout découvrir, et qu'avec le chagrin d'être renvoyé, et de
perdre le plaisir de voir tous les jours celle que j'adore… »

MADAME ARGANTE

Que j'adore ! Ah ! Que j'adore !

LE COMTE *lit.*

« J'auraiencore celui d'êtremépriséd'elle. »

MADAME ARGANTE

Je crois qu'il n'a pas mal deviné celui-là, ma fille.

LE COMTE *lit.*

« Nonpasàcausedelamédiocrité de ma fortune, sortedemépris dontje n'oserais la croire capable…»

MADAME ARGANTE

Eh ! pourquoi non ?

LE COMTE *lit.*

«Maisseulementdupeuquejevauxauprèsd'elle,touthonoréqueje suis de l'estime de tant d'honnêtes gens. »

MADAME ARGANTE

Et en vertu de quoi l'estiment-ils tant ?

LE COMTE *lit.*

« Auquel cas je n'ai plus que faire à Paris. Vous êtes à la veille de vous embarquer, et je suis déterminé à vous suivre. »

MADAME ARGANTE

Bon voyage au galant.

MONSIEUR REMY

Le beau motif d'embarquement !

MADAME ARGANTE

Eh bien, en avez-vous le cœur net, ma fille ?

LE COMTE

L'éclaircissement m'en paraît complet.

ARAMINTE, *à Dorante.*

Quoi ! Cette lettre n'est pas d'une écriture contrefaite ? Vousne la niez point ?

DORANTE

Madame…

ARAMINTE

Retirez-vous.

MONSIEUR REMY

Eh bien, quoi ? C'est de l'amour qu'il a ; ce n'est pas d'aujourd'hui que les belles personnes en donnent, et tel que vous le voyez, il n'en a pas pris pour toutes celles qui auraient bien voulu lui en donner. Cet amour-là lui coûte quinze mille livres de rente, sans compter les mers qu'il veut courir ; voilà le mal ; car au reste, s'il était riche, le personnage en vaudrait bien un autre ; il pourrait bien dire qu'il adore. *(Contrefaisant Madame Argante.)* Et cela ne serait point si ridicule. Accommodez-vous ; au reste, je suis votre serviteur, Madame.
(Il sort.)

MARTON

Fera-t-on monter l'intendant que Monsieur le Comte a amené, Madame ?

ARAMINTE

N'entendrai-je parler que d'intendant ! Allez-vous-en, vous prenez mal votre temps pour me faire des questions.
(Marton sort.)

MADAME ARGANTE

Mais, ma fille, elle a raison, c'est Monsieur le Comte qui vous en répond, il n'y a qu'à le prendre.

ARAMINTE

Et moi, je n'en veux point.

LE COMTE

Est-ce à cause qu'il vient de ma part, Madame ?

ARAMINTE

Vous êtes le maître d'interpréter, Monsieur mais je n'en veux point.

LE COMTE

Vous vous expliquez là-dessus d'un air de vivacité qui m'étonne.

MADAME ARGANTE

Mais en effet, je ne vous reconnais pas. Qu'est-ce qui vous fâche ?

ARAMINTE

Tout. On s'y est mal pris : il y adanstout ceci desfaçons si désagréables, des moyens si offensants, que tout m'en choque.

MADAME ARGANTE, *étonnée.*

On ne vous entend point !

LE COMTE

Quoique je n'aie aucune part à ce qui vient de se passer, je ne m'aperçois que trop, Madame, que je ne suis pas exempt de votre mauvaise humeur, et je serais fâché d'y contribuer davantage par ma présence.

MADAME ARGANTE

Non, Monsieur, je vous suis. Ma fille, je retiens Monsieur le Comte ; vous allez venir nous trouver apparemment. Vous n'y songez pas, Araminte ; on ne sait que penser.

Scène IX

Araminte, Dubois.

DUBOIS

Enfin, Madame, à ce que je vois, vous en voilà délivrée. Qu'il devienne tout ce qu'il voudra à présent, tout le monde a été témoin de sa folie, et vous n'avez plus rien à craindre de sa douleur ; il ne dit mot. Au reste, je viens seulement de le rencontrer plus mort que vif, qui traversait la galerie pour aller chez lui. Vous auriez trop ri de le voir soupirer. Il m'a pourtant fait pitié. Je l'ai vu si défait, si pâle et si triste, que j'ai eu peur qu'il ne se trouve mal.

ARAMINTE, *qui ne l'a pas regardé jusque-là, et qui a toujours rêvé, dit d'un ton haut.*

Mais qu'on aille donc voir : quelqu'un l'a-t-il suivi ? Que ne le secouriez- vous ? Faut-il le tuer, cet homme ?

DUBOIS

J'y ai pourvu, Madame. J'ai appelé Arlequin qui ne le quittera pas, et je crois d'ailleurs qu'il n'arrivera rien : voilà qui est fini. Je ne suis venu que pour dire une chose ; c'est que je pense qu'il demandera à vous parler, et je ne conseille pas à Madame de le voir davantage ; ce n'est pas la peine.

ARAMINTE, *sèchement.*

Ne vous embarrassez pas, ce sont mes affaires.

DUBOIS

En un mot, vous en êtes quitte, et cela par le moyen de cette lettre qu'on vous a lue, et que Mademoiselle Marton a tirée d'Arlequin par mon avis ; je me suis douté qu'elle pourrait vous être utile, et c'est une excellente idée que j'ai eue là, n'est-ce pas, Madame ?

ARAMINTE, *froidement.*

Quoi ! C'est à vous que j'ai l'obligation de la scène qui vient de se passer?

DUBOIS, *librement.*

Oui, Madame.
128

ARAMINTE

Méchant valet ! Ne vous présentez plus devant moi.

DUBOIS, *comme étonné.*

Hélas ! Madame, j'ai cru bien faire.

ARAMINTE

Allez, malheureux ! Il fallait m'obéir ; je vous avais dit de ne plus vous en mêler : vous m'avez jetée dans tous les désagréments que je voulais éviter. C'est vous qui avez répandu tous les soupçons qu'on a eus sur son compte, et ce n'est pas par attachement pour moi que vous m'avez appris qu'il m'aimait, ce n'est que par le plaisir de faire du mal. Il m'importait peu d'en être instruite : c'est un amour que je n'aurais jamais su, et je le trouve bien malheureux d'avoir eu affaire à vous, lui qui a été votre maître, qui vous affectionnait, qui vous a bien traité, qui vient, tout récemment encore, de vous prier à genoux de lui garder le secret. Vous l'assassinez, vous me trahissez moi-même. Il faut que vous soyez capable de tout. Que je ne vous voie jamais, et point de réplique.

DUBOIS *s'en va en riant.*

Allons, voilà qui est parfait.

Scène X

Araminte, Marton.

MARTON, *triste.*

La manière dont vous m'avez renvoyée, il n'y a qu'un moment, me montre que je vous suis désagréable, Madame, et je crois vous faire plaisir en vous demandant mon congé.

ARAMINTE, *froidement.*

Je vous le donne.

MARTON

Votre intention est-elle que je sorte dès aujourd'hui, Madame ?

ARAMINTE

Comme vous voudrez.

MARTON

Cette aventure-ci est bien triste pour moi !

ARAMINTE

Oh ! Point d'explication, s'il vous plaît.

MARTON

Je suis au désespoir.

ARAMINTE, *avec impatience.*

Est-ce que vous êtes fâchée de vous en aller ? Eh bien, restez, Mademoiselle, restez ; j'y consens ; mais finissons.

MARTON

Après les bienfaits dont vous m'avez comblée, que ferais-je auprès de vous à présent que je vous suis suspecte, et que j'ai perdu toute votre confiance ?

ARAMINTE

Mais que voulez-vous que je vous confie ? Inventerai-je des secrets pour vous les dire ?

MARTON

Il est pourtant vrai que vous me renvoyez, Madame, d'où vient ma disgrâce?

ARAMINTE

Elle est dans votre imagination ; vous me demandez votre congé, je vous le donne.

MARTON

Ah ! Madame, pourquoi m'avez-vous exposée au malheur de vous déplaire ? J'ai persécuté, par ignorance, l'homme du monde le plus aimable, qui vous aime plus qu'on n'a jamais aimé.

ARAMINTE, *à part.*

Hélas !

MARTON

Et à qui je n'ai rien à reprocher ; car il vient de me parler ; j'étais son ennemie, et je ne la suis plus. Il m'a tout dit. Il ne m'avait jamais vue ; c'est Monsieur Remy qui m'a trompée, et j'excuse Dorante.

ARAMINTE

À la bonne heure.

MARTON

Pourquoi avez-vous eu la cruauté de m'abandonner au hasard d'aimer un homme qui n'est pas fait pour moi, qui est digne de vous, et que j'ai jeté dans une douleur dont je suis pénétrée ?

ARAMINTE, *d'un ton doux.*

Tu l'aimais donc, Marton ?

MARTON

Laissons là mes sentiments. Rendez-moi votre amitié comme je l'avais, et je serai contente.

ARAMINTE

Ah ! je te la rends tout entière.

MARTON, *lui baisant la main.*

Me voilà consolée.

ARAMINTE

Non, Marton, tu ne l'es pas encore : tu pleures, et tu m'attendris.

MARTON

N'y prenez point garde ; rien ne m'est si cher que vous.

ARAMINTE

Va, je prétends bien te faire oublier tous tes chagrins. Je pense que voici Arlequin.

Scène XI

Araminte, Marton, Arlequin.

ARAMINTE

Que veux-tu ?

ARLEQUIN, *pleurant et sanglotant.*

J'aurais bien de la peine à vous le dire ; car je suis dans une détresse qui me coupe entièrement la parole, à cause de la trahison que Mademoiselle Marton m'a faite. Ah ! quelle ingrate perfidie !

MARTON

Laisse là ta perfidie, et nous dis ce que tu veux.

ARLEQUIN

Ah ! cette pauvre lettre : quelle escroquerie !

ARAMINTE

Dis donc.

ARLEQUIN

Monsieur Dorante vous demande, à genoux, qu'il vienne ici vous rendre compte des paperasses qu'il a eues dans les mains depuis qu'il est ici ; il m'attend à la porte où il pleure.

MARTON

Dis-lui qu'il vienne.

ARLEQUIN

Le voulez-vous, Madame ? Car je ne me fie pas à elle. Quand on m'a une fois affronté, je n'en reviens point.

MARTON, *d'un air triste et attendri.*

Parlez-lui, Madame, je vous laisse.

ARLEQUIN, *quand Marton est partie.*

Vous ne me répondez point, Madame.

ARAMINTE

Il peut venir.

135

Scène XII

Dorante, Araminte.

ARAMINTE

Approchez,
Dorante.

DORANTE

Je n'ose presque paraître devant vous.

ARAMINTE, *à part.*

Ah ! je n'ai guère plus d'assurance que lui. *(Haut.)* Pourquoi vouloir me rendre compte de mes papiers ? Je m'en fie bien à vous ; ce n'est pas là-dessus que j'aurai à me plaindre.

DORANTE

Madame... j'ai autre chose à dire... Je suis si interdit, si tremblant que je ne saurais parler.

ARAMINTE, *à part, avec émotion.*

Ah ! que je crains la fin de tout ceci !

DORANTE, *ému.*

Un de vos fermiers est venu tantôt, Madame.

ARAMINTE, *émue.*

Un de mes fermiers !... Cela se peut bien.

DORANTE

Oui, Madame... Il est venu.

ARAMINTE, *toujours émue.*

Je n'en doute pas.

DORANTE, *ému.*

Et j'ai de l'argent à vous remettre.

ARAMINTE

Ah ! de l'argent !... Nous verrons.

DORANTE

Quand il vous plaira, Madame, de le recevoir.

ARAMINTE

Oui... Je le recevrai... vous me le donnerez. *(Àpart.)* Je ne sais ce que je lui réponds.

DORANTE

Ne serait-il pas temps de vous l'apporter ce soir, ou demain, Madame ?

ARAMINTE

Demain, dites-vous ! Comment vous garder jusque-là, après ce qui est arrivé ?

DORANTE, *plaintivement.*

De tout le reste de ma vie, que je vais passer loin de vous, jen'aurais plus que ce seul jour qui m'en serait précieux.

ARAMINTE

Il n'y a pas moyen, Dorante ; il faut se quitter. On sait que vous m'aimez, et on croirait que je n'en suis pas fâchée.

DORANTE

Hélas Madame ! Que je vais être à plaindre !

ARAMINTE

Ah ! Allez, Dorante, chacun a ses chagrins.

DORANTE

J'ai tout perdu ! J'avais un portrait, et je ne l'ai plus.

ARAMINTE

À quoi vous sert de l'avoir ? Vous savez peindre.

DORANTE

Je ne pourrai de longtemps m'en dédommager ; d'ailleurs, celui-ci m'aurait été bien cher ! Il a été entre vos mains, Madame.

ARAMINTE

Mais, vous n'êtes pas raisonnable.

DORANTE

Ah ! Madame ! Je vais être éloigné de vous ; vous serez assez vengée ; n'ajoutez rien à ma douleur !

ARAMINTE

Vous donner mon portrait ! Songez-vous que ce serait avouer que je vous aime ?

DORANTE

Que vous m'aimez, Madame! Quelle idée! qui pourrait se l'imaginer ?

ARAMINTE, *d'un ton vif et naïf.*

Et voilà pourtant ce qui m'arrive.

DORANTE, *se jetant à ses genoux.*

Je me meurs !

ARAMINTE

Je ne sais plus où je suis. Modérez votre joie ; levez-vous, Dorante.

DORANTE, *se lève, et tendrement.*

Je ne la mérite pas ; cette joie me transporte ; je ne la mérite pas, Madame : vous allez me l'ôter ; mais, n'importe, il faut que vous soyez instruite.

ARAMINTE, *étonnée.*

Comment ! que voulez-vous dire ?

DORANTE

Dans tout ce qui s'est passé chez vous, il n'y a rien de vrai que ma passion, qui est infinie, et que le portrait que j'ai fait. Tous les incidents qui sont arrivés partent de l'industrie d'un domestique qui savait mon amour, qui m'en plaint, qui par le charme de l'espérance du plaisir de vous voir, m'a, pour ainsi dire, forcé de consentir à son stratagème : il voulait me faire valoir auprès de vous. Voilà, Madame, ce que mon respect, mon amour et mon caractère ne me permettent pas de vous cacher. J'aime encore mieux regretter votre tendresse que de la devoir à l'artifice qui me l'a acquise ; j'aime mieux votre haine que le remords d'avoir trompé ce que j'adore.

ARAMINTE, *le regardant quelque temps sans parler.*

Si j'apprenais cela d'un autrequedevous, jevous haïrais, sans doute;
mais l'aveu quevous m'en faites vous-même, dans un moment
comme celui-ci,

change tout. Ce trait de sincérité me charme, me paraît incroyable, et vous êtes le plus honnête homme du monde. Après tout, puisque vous m'aimez véritablement, ce que vous avez fait pour gagner mon cœur n'est point blâmable : il est permis à un amant de chercher les moyens de plaire, et on doit lui pardonner, lorsqu'il a réussi.

DORANTE

Quoi ! La charmante Araminte daigne me justifier !

ARAMINTE

Voici le Comte avec ma mère, ne dites mot, et laissez-moi parler.

Scène XIII

Dorante, Araminte, le Comte,
Madame Argante, Dubois, Arlequin.

MADAME ARGANTE, *voyant Dorante.*

Quoi ! Le voilà encore !

ARAMINTE, *froidement.*

Oui, ma mère. *(Au Comte.)* Monsieur le Comte, il était question de
mariage entre vous et moi, et il n'y faut plus penser. Vous méritez
qu'on vous aime ; mon cœur n'est point en état de vous rendre
justice, et je ne suis pas d'un rang qui vous convienne.

MADAME ARGANTE

Quoi donc ! Que signifie ce discours ?

LE COMTE

Je vous entends, Madame ; et sans l'avoir dit à Madame *(montrant
Madame Argante) je songeais à me retirer.* J'ai deviné tout. Dorante
n'est venu chez vous qu'à cause qu'il vous aimait ; il vous a plu ;
vous voulez lui faire sa fortune : voilà tout ce que vous alliez dire.

ARAMINTE

Je n'ai rien à ajouter.

MADAME ARGANTE, *outrée.*

La fortune à cet homme-là !

LE COMTE, tristement.

Il n'y a plus que notre discussion, que nous réglerons à l'amiable ;
j'ai dit que je ne plaiderais point, et je tiendrai parole.

ARAMINTE

Vous êtes bien généreux ; envoyez-moi quelqu'un qui en décide, et ce
sera assez.

MADAME ARGANTE

Ah ! La belle chute ! Ah ! ce maudit intendant ! Qu'il soit votre mari
tant qu'il vous plaira ; mais il ne sera jamais mon gendre.

ARAMINTE

Laissons passer sa colère, et finissons.
(Ils sortent.)

DUBOIS

Ouf ! ma gloire m'accable : je mériterais bien d'appeler cette femme-là ma bru.

ARLEQUIN

Pardi, nous nous soucions bien de ton tableau à présent : l'original nous en fournira bien d'autres copies.

Biographie Marivaux

Marivaux, de son nom Pierre Carlet est un écrivain français baptisé le 8 février 1688 à Paris.

Marivaux fut romancier et journaliste. Il est élu à l'Académie française en 1742.

Marivaux est issu d'une famille de nobles de Normandie.

Son père, Nicolas Carlet, travaille dans l'administration de la marine puis à la Monnaie et en deviendra le directeur. Sa mère, Marie-Anne Bullet.

En 1698, la famille part s'installer en Auvergne puis il poursuivra sa formation à Limoges.

Il jour sa première pièce de théâtre à Limoges en 1706 intitulée : « Le Père prudent et équitable, ou Crispin l'heureux fourbe » et publiée en 1712.

Il édite *Les Effets surprenants de la sympathie*, son premier roman en 1712.

Marivaux entreprend des études de droit.

Il épouse la fille d'un riche avocat conseiller du Roi, Colombe Bollogne.

Le couple mène une vie aisée.

Le père de Marivaux décèdera le 14 avril 1719.

Marivaux obtient sa licence de droit, il devient avocat mais il n'exercera jamais le métier.

En 1720, il publie *Annibal* qui sera joué à la Comédie-Française mais sans succès.

En effet, Marivaux va devenir auteur attitré d'une troupe de théâtre italienne, troupe de Luigi Riccoboni. La comédienne Silvia Balletti deviendra son interprète et il va même écrire spécialement pour elle.

Il va devenir le révolutionnaire du genre de la comédie sentimentale, qu'il explore au travers de *Surprises de l'amour* ou de *La Double Inconstance*, mais surtout grâce aux grands classiques : *Le Jeu de l'amour et du hasard* de 1730 et *Les Fausses Confidences* de 1737.

Dans *Le Jeu de l'amour et du hasard* de 1730, Marivaux utilise le thème du déguisement, par exemple pour arriver à ses fins, une jeune fille se travesti en chevalier. On assiste à une inversion des rôles entre maîtres et domestiques. Aussi, *Le Jeu de l'amour et du hasard* est une pièce à thèse, une pièce contre la tradition du mariage de convenance qui est imposé par les parents.

Dans *Les Fausses Confidences* de 1737, pièce en trois actes, classée dans le genre de la comédie qui n'obtient pas le succès attendu, il faudra attendre une représentation de 1793 pour qu'enfin elle bénéficie de son succès. Marivaux met en scène l'amour, il s'inspire de personnages à la fois classiques et comiques de la comédie italienne, comme Arlequin. Un amour qui basé sur de fausses confidences organisées autour de mensonges et de stratégies.

Marivaux, le romancier, écrit sur une durée de quinze années, de 1726 à 1741 sa grande œuvre romanesque *La Vie de Marianne* dont le personnage principal est une femme qui raconte sa vie en partageant réflexions, méditations sur l'amour, la sincérité, l'amitié. Cette œuvre demeurera inachevée. Depuis, plusieurs suites ont été écrites mais sans que les mystères de Marianne ne soient révélés.

Colombe Bollogne décède en 1723.

Marivaux, l'académicien, il fréquente le salon de Claudine de Tencin. C'est grâce à cette femme qu'il sera élu à l'Académie française en 1742 contre Voltaire.

En 1744, il prononcera le discours : *Réflexions en forme de lettre sur le progrès de l'Esprit humain*

En 1749 : *Réflexions sur l'esprit humain à l'occasion de Corneille et de Racine*

En 1751 : *Réflexion sur les Romains et les anciens Perses*

Marivaux, quant à lui décèdera le 12 février 1763 des suites d'une pleurésie, il est alors âgé de 75 ans.

Marivaux a été avec Voltaire l'auteur le plus joué de la première moitié du XVIIIème siècle.